옆문 전략

HIDDEN
DOOR
STRATEGY

열린 전략

사업의 불확실성을 극복하는 생존 기술

라유진 지음

행성B

추천의 글

이 책은 새로운 문을 여는 열쇠이자
문제 해결을 돕는
진귀한 레퍼런스다

나는 20대 중반부터 줄곧 사업을 해왔다. 사업하는 동안 가장 힘든 일이 무엇이었냐고 내게 묻는다면 '문제가 발생했을 때, 해결 방법을 찾기보다 해결할 수 없는 이유부터 찾는 사람들을 설득하는 일'이었다고 대답할 것이다. 대개는 자금이 부족하다거나 경기가 둔화됐다거나 인재가 부족하다는 등의 사유를 거론하겠지만, 나는 그쪽이 훨씬 더 힘들었다. 예를 들어 문제가 생겼을 때 어떻게든 답을 찾으려는 대신에 '보고'를 함으로써 제 할 일을 끝냈다고 여기는 직원을 설득하는 일이 그렇다. 매사 부정적이거나 긍정적인 면을 보지 못하는 사람을 설득하는 데 많은 시간과 노력이 필요했다. 그러다 보면 힘이 들고 기운이 빠졌지만 나는 그 일을 평생 반복할 수밖에 없었다.

사업에서뿐만 아니라 우리는 살면서 수많은 문제와 마주친다. 잘 해결될 때도 있지만 때로 좌절하거나 포기하기도 한다. 나는 모든 문제에는 어떻게든 해결 방법이 있다고 생각한다. 그 출발점은 '반드시 해결할 수 있다'는 믿음이다. 나는 이러한 원칙을 바탕으로 다양한 문제 해결법을 개발하여 후배 사업가들을 교육해 왔으며, 오래전부터 이를 '옆문 전략'이라고 개념을 명명해 사용했다. 이 주제로 직접 책을 한 권 써 볼까 궁리도 했었지만, 그저 미뤄둔 상태였다.

　그러던 2021년 5월, 한창 농장을 새로 꾸미던 시기에 젊은 부부가 아이들을 데리고 놀러 왔다. 코로나 팬데믹으로 학교에 가지 못하던 아이들에게 주말마다 농장 방문은 큰 즐거움이 되었을 것이다. 아이들 엄마 라유진 씨는 남편과 함께 외교부에서 일하다가 해외 부임 시 부부 동시 근무의 제약 등으로 잠시 경력을 중단한 상태였다. 그들과 몇 년간 가족과 다름없는 친구로 지내면서 흥미로운 점을 하나 발견했다. 그녀는 어떤 문제가 발생해도 결국 더 나은 결과로 만들어내는 능력이 있었다. 식당 예약이 잘못되었을 때든, 물건을 구매하다 문제가 생겼을 때든, 혹은 예의 없는 종업원을 만났을 때든 그녀는 상대방에게 불쾌감을 주지 않으면서도 자신이 원하는 것을 얻어냈다. 그 과정에서 상대방에게 감사를 전하는 세심함도 잊지 않았다.

이런 능력이 도대체 어디에서 왔는지 궁금했다. 외교부와 청와대에서의 의전 경험 때문인지, 그녀 가족의 문화인지, 받은 교육에서 비롯된 것인지 알 수 없었지만, 그녀의 문제 해결 능력은 매우 독특하고 탁월했다. 단순히 보고에 그치지 않고 본능적으로 해결책을 찾아내는 사람을 만날 기회는 흔치 않다. 그래서 나는 그녀의 경험이 책으로 나오길 기대했는데, 실제로 이렇게 추천사를 쓰게 될 줄은 몰랐다.

나는 기업 경영자들을 대상으로 '사장학개론' 수업을 몇 년간 진행해 왔는데, '옆문 전략'은 내 수업에서 매우 중요한 과정 중 하나이다. 그동안 옆문 전략을 체계적이고 논리적으로, 그리고 여러 사례를 들어 가르칠 방법을 고민하던 차에 마침 이 책이 출간되었다. 세상을 살면서 한 번도 거절당하지 않거나 문제를 맞닥뜨리지 않는 인생은 없을 것이다. 그런 순간마다 이 책이 말하는 '옆문 전략'을 기억하길 바란다. 당신이 고민이 생겼을 때 책장에 꽂혀 있는 이 책이 즉각 눈에 띄기를 바란다. 저자의 말대로 옆문은 꼼수가 아니라 묘수다. 정문과 함께 항상 옆문이 있다는 것을 아는 사람은 이미 성공한 사람으로 살게 된다. 이 책은 당신이 난관에 봉착했을 때, 새로운 문을 여는 열쇠이자 문제 해결을 돕는 레퍼런스 역할을 해 줄 것이다. 문제 앞에서 두려워하는 누구에게나 필요한, 참신하고 진귀한 책이다.

김승호 • 스노우폭스 회장,
《돈의 속성》,《사장학개론》 저자, 한국사장학교 멘토

프롤로그

위기 앞에서 우회로와 기회를 찾아내는
삶의 철학

유럽의 고성이나 저택에는 수많은 문이 있다. 화려하고 위엄 있는 정문은 방문객을 압도하고, 곳곳의 옆문은 효율적인 동선을 만들어낸다. 각종 자재와 직원들이 분주히 오가는 뒷문, 그리고 성 안팎의 오랜 비밀을 간직한 숨겨진 문들까지. 각각의 문은 서로 다른 길로 이어지고, 그 길들은 저마다의 역사와 풍경을 품고 있다. 마치 경복궁의 광화문이 웅장한 근정전으로, 창덕궁의 돈화문이 고즈넉한 후원으로 이어지듯 말이다.

　우리 삶도 이와 다르지 않다. 인생에서 만나는 여러 갈래 길은 마치 성이나 궁궐의 다양한 문과도 같다. 어느 문으로 나서고 어느 길로 접어드느냐에 따라 우리가 마주할 세계의 모습과 삶의 방향, 그 안에서의 경험이 달라진다.

편안하고 순탄해 보이는 길이 있는가 하면 가파르고 험난하게 느껴지는 길도 있다. 하지만 각 문 너머의 모습이 제각각 다르다 해도, 결국 모든 길은 우리 삶의 한 부분이며 저마다 가능성을 품고 있다. 그 길들 앞에서 우리는 항상 기로에 놓인다. 지금 눈앞의 문으로 들어설 것인지, 아니면 새로운 문을 찾을 것인지를. 그런데 선택보다 더 중요한 것은 그 길들을 바라보는 시선과 태도다.

정문이 열리지 않을 때 옆문을 찾아내는 능력. 이는 단순한 기교나 요령이 아니다. 사고의 전환과 행동의 변화를 통해 얻어지는 습관이자, 삶을 대하는 적극적인 태도에서 비롯되는 인생 철학이다. 당연하게 드나들던, 또는 목표로 삼았던 정문이 닫혀버렸을 때 많은 이들이 왜 열리지 않는지, 누구 때문인지 따지고 탓하는 데 시간을 허비한다. 하지만 '옆문 전략'은 정문이 닫혔다고 낙담하지 않고, 주저 없이 새로운 길을 찾는 것을 기본값으로 삼는 데서 시작된다.

'나는 어떻게 옆문을 찾아내게 됐을까?'

중고교 시절 유일한 목표였던 법조인의 길이 좌절되었을 때, 나는 인생에서 처음으로 새로운 문을 찾아야만 했다. 대학에 다니며 방송 기자를 꿈꾸던 중, 교환학생으로 떠난 미국에서 시야가 넓어져 진로에 대한 생각이 바뀌었다. MBA를 취득하고 글로벌 비즈니스 무대에서 활약하고 싶다는 열망을 품게 된 것이다. 이를 위한 첫걸음으로 주한미국상공회의소AMCHAM Korea의 문을 두드렸고, 마케팅팀에서 다양한 행사를 기획하고 운영하며 다국적 기업 임원들과 교류하는 값진 경험을 쌓았다. 하지만 가까이에서 본 다국적 기업 임원들의 현실은 내가 그리던 모습과 달랐다. 나는 다시 스스로에게 질문을 던지며 새로운 가능성을 모색했다. 그렇게 또 다른 길, 외교부라는 '옆문'을 발견하게 됐다.

외교부에서의 경험, 특히 대통령 의전 업무를 담당했던 경험은 내 인생의 전환점이 됐다. 대통령 전용기에 탑승해 해외 순방 행사에 참여하고, 청와대 국빈 오·만찬을 위한 메뉴 선정부터 공연 섭외, 좌석 배치에 이르기까지 세세한 실무를 담당했다. 대통령 명의 국빈 선물 업무를 맡아 매우 이례적으로 미국 상·하원 의원의 공식 감사 서한을 받는 성과를 이루기도 했다. 국가 정상급 행사에서는 단 1%의 실수도 용납되지 않는다. 하지만 아무리 완벽하게 준비해도 예상치 못한 상황은 발생하기 마련이었고, 그때마다 순간적인 판단과 해결이 요구됐다. 이 과정에서 나는 어떤 상황에서도 해결책은 반드시 존재한다는 것을 여실히 깨달았다.

이후 2~3년마다 북미, 유럽, 동남아, 중남미 등 서로 다른 대륙을 오가는 삶을 살았다. 인종과 언어, 문화가 전혀 다른 세계 곳곳에서 나는 매번 새로운 시작을 맞이하고 처음처럼 살아내는 법을 배워야 했다. 이를 위해 반년 넘게 매일 새벽 3시까지 공부해 베트남어 중급 자격증(당시 외국인 최고점)을 취득하는 등 현지 언어와 문화 습득에 미련할 정도로 몰입했다. '곧 다시 떠날 텐데 굳이 그렇게까지?'라는 생각은 주변에서도 나 자신도 숱하게 했지만, 이러한 집념과 노력은 고스란히 남아 예상치 못한 순간에 특별한 경쟁력이 되어주었다.

외교부 재직 당시, 주말이나 휴일 없이 바쁜 와중에도 대학원 영어교육 전문가 과정TESOL을 이수했다. 외교부를 떠난 후에도, 만삭의 몸으로도, 꾸준히 토익과 토플 시험을 보며 영어 실력을 갈고닦았고, 이는 최근 미국 휴스턴 교육청에서 비영어권 출신 최초로 LPACLanguage Proficiency Assessment Committee 위원이 되는 계기로 이어졌다. 뿐만 아니라 재능기부 차원에서 유튜브에 100일간 '딱 2분 영어' 시리즈를 연재해 실용적인 영어 표현을 소개하기도 했다.

코로나19 팬데믹 이전, 서울 신림동과 노량진의 학원에서 우연히 시작한 공무원 면접 컨설팅은 또 다른 도전의 출발점이 됐다. 높은 합격률로 입소문이 나면서 연세대학교 국제학부 예비 졸업생 대상 커리어 특강은 물론 항공사, 외국계 기업, 금융권 면접 컨설팅으로 영역이 확장됐다. 현재는 국내외 고위급 국제행사의 의전을 총괄하는 한편, 국제매너와 비즈니스 에티켓 전문가로서 한국사장학교Korea CEO Academy, KCA의 Master CEO Class 등에서 최고경영자 대상 강의와 컨설팅을 진행하고 있다.

나는 이렇게 생존을 위해서, 또 새로운 커리어를 위해서 수많은 옆문을 모색하고 찾아냈다. 처음에는 막막했지만 그 옆문들은 때로 나를 전혀 다른 세상으로 이끌었고, 때로는 유일한 출구가 되어주었다. 분명한 것은 누구나 삶에서 옆문을 찾아야 하는 순간이 온다는 것이다.

이 책의 시작은 김승호 회장님과의 만남에서 비롯됐다. 회장님께서 내게 '옆문 전략'이라는 주제로 책을 써보라고 제안하셨을 때, 마치 오랫동안 찾아 헤매던 퍼즐의 마지막 조각을 발견한 것 같았다. 지난 20여 년간 내가 걸어온 길, 살아온 방식, 새로운 도전 앞에서 했던 선택들, 그 과정에서 맞닥뜨리고 발견한 기회들이 하나의 그림으로 선명하게 그려졌다. 그리고 깨달았다. 목표했던 길이 막혔을 때 다른 길을 찾고, 익숙한 영역을 벗어나 도전하고, 어려운 상황에서 해결책을 찾아내는 과정들이 지금의 나를 만들어주었다는 것을 말이다. 예상치 못한 기회들과 서로 무관해 보였던 경험들은 시간이 지나며 유기적으로 엮어졌고, 플랜B를 찾아내는 것은 어느덧 삶의 철학으로 자리잡았다. 내가 그동안 무의식적으로 실천해 온 수많은 것들이 바로 '옆문 전략'이었다.

이 책은 거창한 성공 비법을 제시하지 않는다. 대신 일상에서 누구나 바로 적용하고 실천할 수 있는 옆문 전략을 다양하게 소개한다. 어떤 독자는 이미 자신만의 방식으로 옆문을 찾아내고 있을지도 모른다. 그렇다면 더욱 반갑다. 당신은 이미 뛰어난 '프로 옆문 오프너'로서, 이 책을 통해 자신의 전략을 더욱 체계화하고 발전시킬 수 있을 것이다. 반면 새로운 도전이 두렵거나, 어려움 앞에서 쉽게 좌절하거나, 또는 무슨 일이든 늘 수월하게 해결하는 이들의 비결이 궁금했던 독자라면, 이 책이 구체적인 해결의 실마리를 제공할 것이다.

"Remember, there is always another way."

(언제나 다른 길이 있다는 걸 기억하렴.)

2024년 11월에 개봉한 영화 〈모아나 2〉에서 마탕기가 모아

나에게 들려주는 이 말은 '옆문 전략'의 본질을 정확히 담아낸다. 잘 보이지 않지만 분명히 존재하는 옆문은 찾고자 하는 의지가 있는 자에게만 모습을 드러내고, 열 수 있다고 믿는 자에게만 열리는 새로운 길이다. 지금 서 있는 곳이 막다른 길처럼 보인다 해도, 언제나 다른 문이 존재한다는 것을 잊지 말아야 하는 이유가 바로 여기에 있다.

여러분의 인생 여정 곳곳에 숨겨진 옆문을 발견하고, 그 문을 활짝 열어젖히는 과정에 이 책이 작지만 든든한 열쇠가 되어주기를 진심으로 소망한다.

**HIDDEN
DOOR
STRATEGY**

CONTENTS

1장

스탠스 **옆문 전략을
바라보는
자세**

"앞서가는 방법의 비밀은 시작하는 것이다."

마크 트웨인(작가)

진지하고
진취적인
삶의 태도

옆문은 말 그대로 '건물 정면에 있는 주 출입구가 아닌 옆에 있는 문'이다. 그러나 옆문 전략에서의 옆문은 단순히 '옆쪽으로 낸 문'이 아닌, 정문이 잠겼거나 무겁고 뻑뻑해 열기 힘들 때 찾아 들어가는 '또 다른 길'을 의미한다. 따라서 옆문 전략이란, 익히 알고 있던 기존 방식이 통하지 않을 때 새로운 각도로 문제를 해결하는 방법, 다시 말해 목표 달성을 위한 창의적인 해결책이다. 정면 돌파가 어려울 때 우회로를 찾고 그 과정에서 예상치 못한 기회를 발견하며 새로운 길을 개척하는, 진지하고 진취적인 삶의 태도이기도 하다.

 뭔가 거창하고 어려워 보일 수 있지만, 옆문 전략의 일상적인 예는 매우 평범하고도 흔하다. 사실 너무 익숙해서 우리가 일일이 의식하지 못할 정도다. 아이가 부모 대신 할아버지와 할머니께 과자나 아이스크림을 사달라고 조르는 것, 정시 전형이 아닌 수시 또는 특별 전형으로 대학 입시를 준비하는 것, 공채 대신 경력 채용으로 취업 문을 두드리는 것, 직장에서 승진의 기회가 제한적일 때 새로운 기술을 습득하거나 타 부서와의 협업을 통해 자기 가치를 높이는 것까지. 모든 것이 옆문 전략의 일환이다.

실천력이 곧 옆문을 여는 능력

어떤가? 이번에는 너무 쉬워서 시시하게 느껴지는가? 그렇다면 지금 당장 책을 덮고 당신만의 옆문을 찾아가자. 평소 눈여겨보던, 하지만 지겹도록 열리지 않던 정문과 달리 쉽게 열리는가? 아마도 아닐 거다. 일단 어디에 있는지 모를 것이고, 용케 찾았다 해도 어떻게 열어야 할지 막막할 테니 말이다.

건강을 위해 규칙적이고 균형 잡힌 식단, 그리고 적절한 운동이 필요하다는 것을 모르는 사람은 없다. 그러나 실천은 쉽지 않다. 종일 녹초가 되도록 일하고 집에 돌아오면 어떤가? 그대로 침대에 널브러져 쉬고 싶은 마음이 드는 게 인지상정이다. 겨우 자신을 설득해 운동을 끝냈다 해도 집으로 가는 길에 윤기 흐르는 바삭한 치킨과 시원한 맥주의 유혹을 뿌리치기란 여간 힘든 게 아니다. 아침 운동도 마찬가지다. 매일 남들보다 한 시간씩 일찍 일어나 헬스장에 가기란 보통 결심으로는 어렵다.

옆문 전략도 마찬가지다. 개념 이해와 현실 적용은 별개다. 우리가 '꽃'이라는 개념을 이해한다고 해서 늘 재배에 성공하는 건 아니듯이 말이다. 실제로 옆문을 찾고, 들어가서, 삶에 도움이 되는 성과를 얻기란 결코 간단하거나 만만한 일이 아니다. 결국 옆문 전략의 핵심은 각자의 삶이나 비즈니스에 얼마나 잘 적용하느냐에 있다.

프로 옆문 오프너의 비밀

옆문 전략을 기가 막히게 잘 활용하는 이들이 있다. 성공한 기업가, 혁신적인 과학자, 창의적인 예술가 중 많은 경우가 여기에 해당하는데, 나는 이들을 '프로 옆문 오프너'라고 부른다. 이들은 실패를 두려워하지 않고 어떤 상황도 긍정적으로 바라보며 위기를 기회로 전환하는 데 탁월한 능력이 있다. 끊임없이 새로운 해결책을 모색하는 창의성도 겸비했다.

"실패하지 않는다면, 당신은 충분히 혁신적이지 않은 것이다."

테슬라의 CEO 일론 머스크가 한 이 말은 프로 옆문 오프너들의 공통된 철학을 정확히 짚어낸다. 프로 옆문 오프너들은 문제나 시련을 기회로 여긴다. 문제를 해결하지 못하더라도, 혹은 보기 좋게 실패하더라도 쉽게 좌절하지 않는다. 실패를 실패로 인식하지도 단정 짓지도 않는다. 결과를 부정하는 게 아니라, 실패를 끝이나 막다른 골목 또는 패배로 보지 않는다는 뜻이다. 문제 해결 과정에서 발생하는 해프닝이나 '아직 성공하지 못한 상태' 정도로 여길 뿐이다. 그 때문에 자존심이 상하지도 않는다. 정문이 열리지 않으면 옆문을, 그마저도 안 되면 또 다른 문을 찾아 계속 두드려봐야 하기에 실망하거나 자책할 시간도 없다. 회복 탄력성이 높을 수밖에 없다.

이들은 난관에 부딪혔을 때 주저앉거나 포기하는 대신 창의적인 해결책을 찾는 데 몰두한다. 문제 상황을 '목표에 이르는 여러 경로 중 하나'로 바라보는 태도는 마음에 여유를 주고, 이는 곧 참신한 해법으로 이어진다. 실패에 사로잡히는 사람과의 차이는 문제 상황을 부정적으로 보지 않고 긍정적으로 바라보는 바로 그 지점에서 생긴다. 긍정적 사고가 문제 해결과 혁신을 이끌어내는 동력이 되는 것이다.

프로 옆문 오프너들의 성공은 우연이 아니다. 이들은 정문이 호락호락하지 않을 때 '할 수 없지' 하며 돌아서는 법이 없다. 오히려 '단번에 열리면 재미없지! 분명 다른 방법이 있을 테니 어떻게든 찾아보자!'는 자세로 임한다. 순탄치 않은 상황에서도, 어떻게 개선하고 해결할 것인지를 항상 궁리하며 성공 가능성을 높인다. 작고 사소해 보이는 이러한 인식과 태도의 차이가 결국 성공과 실패를 가르는 결정적 요인이 된다. 또한 이들은 문제를 개선하거나 해결했을 때의 성취감과 자신감을, 실패 극복의 추진력으로 활용한다. 그러다 보니 문제 해결 여부와 무관하게 매번 성장과 발전을 거듭하게 된다. 미래의 불확실성을 불안이 아닌 설렘으로 받아들이는 태도, 이것이 '프로 옆문 오프너'들이 가진 최고의 무기다.

'닥터 V'로 불리는 고빈다파 벤카타스와미Govindappa Venkata-swamy 박사는 인도 아라빈드 안과병원Aravind Eye Hospital의 설립자다. 그는 은퇴를 앞두고 인도의 심각한 안질환과 실명失明 문제에 관해 진지하게 고민했다. 당시 인도에서 안과 치료를 받으려면 큰 비용이 들었고 이 때문에 병원의 문은 높기만 했다. 닥터 V는 이 문제를 해결하고자 기존의 병원 운영 개념을 완전히 뒤집는 옆문 전략을 고안했다. 글로벌 패스트푸드 기업인 맥도날드의 효율적인 비즈니스 모델에서 영감을 얻은 그는, 의사는 수술에만 집중하고 다른 모든 과정은 전문 스태프가 처리하는 표준화·분업화된 수술 시스템을 도입했다. 의료 서비스에 일반 기업에서 활용하는 대량 생산 방식을 적용한 것이다. 이를 통해 많은 사람이 불가능하다고 여겼던, '저렴하면서도 질 높은 의료 서비스 제공'을 실현했다. 당시로서는 매우 획기적인 발상이었다.

11개 병상으로 시작한 아라빈드 병원은 현재 7개 병원 3,600개 이상의 병상을 운영하는 대형 병원으로 성장했다. 연간 220만 명의 외래 환자를 진료하고 60%의 환자에게 무료 수술을 제공하면서도, 40%가 넘는 이익률을 달성하고 있다. 그뿐만 아니라 미국과 유럽의 안과 의사들이 수술 노하우를 배우러 찾아갈 정도로, 이 병원의 기술력은 세계 최고 수준으로 인정받는다.

그라민 은행Grameen Bank의 창립자이자 2024년 8월에 방글라데시 과도정부 수반이 된 무함마드 유누스Muhammad Yunus 최고 고문도 대표적인 '프로 옆문 오프너'다. 경제학자이자 은행가이자 시민운동가인 그는 유복한 무슬림 집안에서 태어났지만, 평생 방글라데시의 심각한 빈곤 문제 해결을 위해 일했다. 기존의 은행 시스템이 빈곤층을 소외시키는 문제를 깊이 분석하고 연구한 그는 이를 타개하기 위한 창의적인 해결책을 모색했다. 담보 없이 소액을 대출해주고, 마을 공동체를 통해 상환을 보장받는 형태의 마이크로크레딧microcredit 시스템을 개발했다. 많은 전문가가 이 모델의 실현 가능성에 의문을 제기했지만, 그는 1983년 그라민 은행을 설립하여 이 아이디어를 실제로 구현했다.

그라민 은행은 현재 전 세계 100개국 이상에서 운영되고 있고, 900만 명 이상의 대출자 중 97%가 여성이다. 은행의 대출 상환율은 98%를 넘어서는데, 이는 많은 상업 은행의 상환율을 훌쩍 넘는 높은 수치다. 그가 개발한 혁신적인 대출 시스템은 수많은 빈곤층에게 경제적 기회를 제공했고, 그 노력과 공로를 인정받아 2006년 노벨 평화상을 수상하기도 했다.

같은 해 10월, 학교에서 유누스 당시 그라민 은행 총재를 직접 만날 기회가 있었다. 〈우리가 만들어가는 빈곤 없는 세상We can create a poverty-free world〉이라는 주제로 진행된 특강에 참석했는데, 잠깐이었지만 그와 직접 대화를 나누기도 했다. 당시 나는 교내 시각 장애인 봉사 활동을 하고 있었기 때문에 시각 장애인 후배, 그리고 그녀의 안내견과 함께 맨 앞줄에 앉아 강연을 들었다. 그의 혁신적인 문제 해결 접근법과 끈질긴 노력이 어떻게 수많은 사람의 삶을 변화시켰는지 알 수 있었다. 그의 선하고 따뜻한 인품과 기존의 틀을 깨는 창의적인 사고방식, 그리고 어려움 앞에서도 굴하지 않는 진취적 태도에 깊은 감동과 영감을 받은 기억이 아직도 진하게 남아 있다.

우리의 인생은 마치 다람쥐가 쳇바퀴를 도는 듯하다. 얼핏 보면 계속 같은 자리에서 같은 문제만 반복하는 것 같지만 실은 매 회전마다 새로운 도전과 기회, 다양하고 복잡한 문제를 만나 씨름하고 있다. 이러한 삶의 여정에서 핵심은, 우리가 맞닥뜨리는 문제를 어떻게 인식하느냐에 있다.

쳇바퀴를 단순히 지루하고 무의미한 반복으로 여긴다면, 매번 **"에잇, 재수 없게!"** 혹은 **"그렇지, 또 그럴 줄 알았어"**라며 불평을 그치지 않는다면, 삶은 점점 더 답답하고 고통스러워질 것이 자명하다. 이는 정문만을 고집하며 다른 방법을 모색하지 않는 것과 같다. 반면 쳇바퀴를 자기 발전의 기회로 바라본다면, 매 회전을 새로운 도전과 배움의 기회로 여긴다면, 쳇바퀴는 단순 반복이 아닌 끊임없는 성장과 발전의 원동력이 된다. 이것이 바로 옆문 전략의 핵심이고 '프로 옆문 오프너'로 거듭나기 위한 첫걸음이다.

때로는 갑자기 쳇바퀴가 멈추거나 혹은 너무 빨리 돌아 어지러울 때가 있다. 하지만 이를 어떻게 받아들이느냐에 따라, 즉 삶에서 마주치는 문제들을 어떻게 해석하고 대처하느냐에 따라 인생의 방향과 결, 삶의 질은 크게 달라진다. 같은 자리만 맴도는 무력한 존재가 될 것인지 아니면 매 순간을 도약의 기회로 삼는 능동적인 주체, 즉 '프로 옆문 오프너'가 될 것인지는 결국 우리의 선택에 달려 있다.

창의적이고
효율적인
문제 해결 도구

옆문 전략은 오늘날의 복잡한 비즈니스 환경에서 기업이나 국가가 직면한 문제를 창의적이고 효율적으로 해결할 수 있는 강력한 도구이다. 기존 방식으로 돌파하기 어려운 과제에 새로운 시각으로 접근하여 독창적이고 실용적인 해결책을 제시한다. 현대의 비즈니스 세계는 끊임없는 도전과 변화의 연속이다. 전 세계의 다양한 기업과 국가는 시간, 비용, 경쟁, 시장 변동 등 갖가지 제약과 불확실성 속에서 저마다 생존과 성장을 위해 고군분투하고 있다. 옆문 전략은 이러한 복잡다단한 상황에서 경쟁력을 획기적으로 높이는 전략적 사고방식이자 실질적인 문제 해결 방법이 되어준다.

글로벌 기업들의 옆문 전략

실리콘밸리 스타트업 기업들이 자주 활용하는 'MVPMinimum Viable Product, 최소 기능 제품' 전략은 이러한 옆문 전략의 대표적인 예다. 이는 완벽한 제품을 만들어 출시하기보다는 핵심 기능만 갖춘 제품을 빠르게 선보인 후, 사용자 반응을 바탕으로 지속적으로 개선해나가는 방식이다. 대부분 기업이 프로젝트를 시작할 때 겪는 '신속한 실행'과 '완벽한 준비' 사이의 딜레마를 효과적으로 해결하는 전략이다. 급변하는 시장에서는 완벽을 추구하다 기회를 놓치는 것보다 일단 재빠르게 시도하고, 필요에 따라 유연하게 대응하는 것이 더 효율적이기 때문이다.

스타벅스의 '제3의 공간' 마케팅 또한 성공적인 옆문 전략의 활용 사례다. 치열한 경쟁과 낮은 진입 장벽이라는 커피 산업의 고질적 문제에 직면한 스타벅스는 더 맛있는 커피나 저렴한 가격으로 승부하는 대신, '고객 경험'이라는 새로운 가치를 도입했다. 고급스러운 인테리어, 편안한 좌석, 무료 와이파이 제공 등으로 고객이 오래 머물 수 있는 환경을 조성하고, 고객의 이름을 직접 불러 음료를 건네는 등의 개인화된 서비스로 친근감을 높이며 '제3의 공간' 개념을 구현했다. 이는 커피의 부가가치를 높이는 것은 물론, 고객 충성도도 증대시켰다. 단순히 커피만 판매하는 기존 산업의 관행에서 벗어나 고객에게 특별한 경험과 공간을 제공함으로써, 스타벅스는 브랜드 가치를 높이고 지속 가능한 성장 모델을 창출하는 데 성공했다.

일본의 SPASpecialty store retailer of Private label Apparel, 자체 상표 의류 전문 소매업 브랜드 유니클로Uniqlo 역시 옆문 전략을 통해 기업의 경쟁력을 획기적으로 향상시켰다. 대부분 의류 브랜드가 매 시즌 변화하는 트렌드를 좇는 반면, 유니클로는 '베이직'이라는 콘셉트에 집중해 시즌에 큰 영향을 받지 않는 디자인을 개발했다. 또한 다른 의류 브랜드들처럼 생산을 외주 업체에 맡기지 않고, 원단 공급부터 생산·유통·판매에 이르는 전 과정을 직접 관리하는 SPA 모델을 도입했다. 이를 통해 원가를 낮추고 재고 부담을 최소화하며 비용 효율성을 높였다. 이러한 옆문 전략으로 유니클로는 최신 유행, 합리적인 가격, 빠른 상품 회전이라는 강점을 확보하며 글로벌 SPA 브랜드로서 입지를 공고히 할 수 있었다.

옆문 전략의 활용 범위는 비즈니스 영역에서 새로운 기회를 창출하는 데 국한되지 않는다. 국가나 도시가 직면한 복잡한 사회 문제, 특히 환경이나 자원 등 기존의 접근 방식으로는 해결이 어려운 문제들에 대해서도 새로운 돌파구를 제시한다.

네덜란드 아티스트 단 로세하르데Daan Roosegaarde의 '스모그

프리 타워Smog Free Tower' 프로젝트는 환경 문제 해결에 옆문 전략을 활용한 대표 사례다. 로세하르데는 대기 오염 문제에 대해 기존의 규제 중심 접근 대신 혁신적인 기술 솔루션을 제시했다. 7미터 높이의 이 대형 공기청정기 타워는 친환경 에너지원인 풍력으로 운영되고, 주변의 오염된 공기를 정화해 배출하는 기능을 한다. 2015년 로테르담의 첫 시험 운영에서 공공 예술 형태로 선보임으로써, 시민들의 관심을 끌고 대기 오염 문제에 대한 인식을 높이는 데 성공했다. 로세하르데의 접근법은 기존의 규제 중심 정책에서 한 걸음 나아가 실질적인 환경 문제 해결과 정책 변화를 유도했다는 점에서 의의가 크다.

하수를 정수로 재활용하는 싱가포르의 '뉴워터NEWater' 프로젝트 역시 옆문 전략으로 기존 시스템의 한계를 극복한 사례다. 심각한 물 부족 문제에 직면한 싱가포르는 하수를 재활용한 물 공급이 절실했으나, 이에 대한 대중의 거부감이 큰 장애물이었다. 싱가포르 정부는 이를 극복하기 위해 미세 여과, 역삼투, 자외선 소독 등 세계보건기구WHO의 기준을 충족하는 고도의 정수 기술을 개발했고, NEWater 방문자 센터를 통해 누구나 정화 과정을 직접 체험할 수 있게 하는 등 모든 정보를 투명하게 공개했다. 또한 산업용수부터 시작해 점진적으로 음용수로 확대하는 접근을 통해 대중의 신뢰를 얻는 데 성공했다.

그 결과 싱가포르는 물 부족 문제를 해결하고 지속 가능한 물 관리의 모범 사례를 제시하는 기술 강국으로 거듭났다.

프레임 체인지

이처럼 옆문 전략은 비즈니스 혁신부터 복잡한 사회 문제 해결까지 광범위한 영역에서 그 실효성을 입증하고 있다. 기존의 접근 방식으로는 해결이 어려운 환경·자원 문제에 대해 창의적이고 효율적인 해결책을 제시함으로써 실질적인 변화를 이끌어내는 역할을 한다. 옆문 전략의 핵심은, 문제 해결의 프레임을 바꾸는 데 있다. 단순히 우회로를 찾는 것에서 그치지 않고, 문제의 본질이나 고질적인 난제를 새로운 시각으로 재정의하고 잠재적 기회를 발견하는 과정이다. 이러한 접근은 꽤 자주, 뜻밖의 부가 가치 창출이나 혁신으로 이어지기도 한다.

옆문 전략은 현대 사회의 다양한 과제들을 해결하는 데 필수적인 도구다. 더욱 복잡해질 미래의 도전 과제에 실용적이고 실질적인 해결책을 제시할 수 있기 때문이다. 따라서 옆문 전략을 얼마나 효과적으로 활용하느냐가 전례 없는 속도로 변화를 거듭하는 환경에서 성공을 좌우하는 핵심이 될 것임은 너무도 당연하다.

기회를
창출하는
전환적 마인드셋

삶에는 수많은 기회의 문이 존재한다. 당장은 익숙하고 널찍한 정문이 편할 수 있지만 대개 작고 낯설고 불편해 보이는 옆문이 더 큰 가능성을 품고 있다. 옆문 전략은 바로 이러한 숨겨진 기회를 포착하고 활용하는 사고방식이다. 아직 주목받지 못하거나 존재하지 않는 기회를 발굴해 새로운 가능성이나 가치로 전환하는 마인드셋mindset으로, 꽤 많은 경우 무에서 유를 창조해낸다.

옆문으로 바뀌는 산업의 패러다임

내가 처음 비행기를 타본 건 1995년, 가족과 함께 캐나다로 떠났을 때다. 10시간이 넘는 운항 동안 대한항공 승무원들의 극진한 서비스를 경험했고 덕분에 나의 첫 비행은 매우 특별한 기억으로 남았다. 그로부터 10년 뒤 저가 항공사가 등장했을 때 많은 이가 '서비스 충격'을 경험했다. 기존 대형 항공사의 높은 서비스 수준에 길들여진 승객들에게 저가 항공사의 실용적이고 간소화된 운영 방식은 낯설고 불편했기 때문이다. 특히 기내 유료 음료와 간식은 마치 식당에서 반찬 값을 따로 받는 듯한 인상을 줘 불만이 컸다.

그러나 약 15년이 지난 현재, 상황은 크게 바뀌었다. 국내 저가 항공사는 9개 정도인데 이는 항공 시장 규모가 훨씬 큰 미국과 같다. 유럽의 항공 강국인 독일(4개)의 2배가 넘고 일본(8개)도 넘어서는 수준이다. 더욱 놀라운 건 저가 항공사를 이용한 해외여행객 수가 무려 2,400만 명을 돌파했다는 점이다. 국제선 승객 점유율도 35.4%에 달해, 기존 대형 항공사들과 어깨를 나란히 하는 수준에 이르렀다.

출범 초기에 열악한 서비스로 외면받던 저가 항공사들이 어떻게 그간의 설움을 한 방에 날리는 시원한 설욕을 할 수 있었을까? 해답은 당시 슬그머니 열리고 있던 옆문에 있다.

2000년대 초반 무렵, 소비자들의 선택 기준에 주목할 만한 변화가 있었다. IMF 외환 위기의 여파로 가격에 대한 민감도가 크게 높아진 것이다. 소비자들은 이제 최고의 서비스만을 추구하는 것이 아니라 가격 대비 만족도, 즉 '가성비'를 주요 선택 기준으로 삼게 됐다. 이에 따라 최고급 서비스로 대표되던 기존 항공사들의 정문을 이용하는 고객 수가 점차 줄어들기 시작했다. 대신 일부 서비스를 포기하더라도 더 저렴한 항공료로 경제적 실리를 추구할 수 있는 새로운 옆문으로 많은 고객이 몰렸다.

이러한 변화를 예리하게 감지한 국내 저가 항공사들은 재빨리 옆문을 통해 시장에 진입했다. 이들은 '불편한 싸구려 항공사'라는 초기의 부정적 인식을 '조금 불편하지만 더 자주 여행할 수 있는 항공사'라는 새로운 가치로 재정의했다. 이러한 전략의 성공으로 저가 항공사들은 기존 양대 항공사의 실적을 넘어섰고, 항공 업계의 판도를 크게 변화시켰다.

세계 최대 숙박 공유 서비스인 에어비앤비Airbnb의 성공 스토리도 발상의 전환으로 어마어마한 가치를 창출해낸 대표 사례다. 동갑내기 청년 브라이언 체스키Brian Chesky와 조 게비아Joe Gebbia는 새 사업을 제대로 도모하기도 전에 심각한 재정난에 직면했다. 그들은 감당하기 어려워진 비싼 집세를 해결하기 위해 아파트의 남는 공간을 여행객들에게 단기 임대하는 아이디어를 냈는데, 이것이 오늘날 세계적인 기업이 된 에어비앤비의 시작이다.

월세를 해결하기 위한 임시방편에 불과했던 이 아이디어가 전통적인 숙박업의 옆문이 됐고, 이제는 심지어 정문의 한 종류가 됐다. 에어비앤비는 '현지인처럼 살아보는 경험'이라는 독특한 가치를 선보임으로써, 전 세계 어디서나 표준화된 서비스를 제공하는 호텔 산업과의 차별화에 성공했다. 이는 기존 호텔 업계가 미처 포착하지 못한 여행객들의 숨은 욕구를 충족시키는 기발한 접근이었고, 결과는 우리가 아는 그대로다. 에어비앤비는 전 세계 220여 개국에서 800만 개 이상의 숙소를 제공하는 거대 기업으로 성장했다. 2023년 기준 에어비앤비의 시가 총액은 약 800억 달러로, 이는 힐튼이나 메리어트 등 세계적 규모의 호텔 체인 가치를 훌쩍 뛰어넘는 규모다.

전 세계 운송업에 큰 파장을 일으킨 우버Uber도 마찬가지다. 샌프란시스코에서는 택시 잡기가 어렵다는 문제를 해결하는 과정에서 탄생한 우버는 기존 택시 회사가 장악하던 시장의 진입 장벽을 크게 낮췄다. 스마트폰 애플리케이션을 통해 일반인 운전자와 승객을 연결하는 혁신적인 시스템을 구축한 덕분에,

차량만 있으면 누구나 우버 드라이버가 될 수 있었다. 이는 많은 사람에게 새로운 수입원을 제공했을 뿐만 아니라, 소비자에게도 더 저렴하고 다양한 이동 수단을 선택할 수 있게 하는 새로운 가치를 창출했다. 2023년 기준 우버의 시가 총액은 대략 750억 달러에서 900억 달러 사이를 오간다. 기존 운송 및 물류 기업의 가치를 크게 상회하는 수준이다.

이처럼 옆문 전략은 기존의 정문 대신 새로운 문을 통해 시장에 진입, 산업의 패러다임을 아예 바꿔버리는 매우 전환적인 사고방식이다. 이는 비단 기업 경영에만 국한되지 않고, 새로운 가능성을 모색하려는 모든 영역에서 그 진가를 발휘한다.

옆문에서 일궈낸 나만의 시그니처

나도 대부분이 무심히 여기던 업무에서 새로운 가능성을 발견하고, 이를 통해 뜻밖의 가치를 만들어낸 경험이 있다. 대통령과 영부인 명의로 전달되는 국빈 선물 업무를 맡게 됐을 때의 일인데, 당시 이 업무는 그다지 주목받지 못했다. 선물은 주로 상대국 외교부 의전실을 통해 간접적으로 전달됐고, 그러다 보니 대통령이나 영부인이 직접 선물을 확인하는 경우는 드물었다. 그래서인지 국빈 선물 업무는 늘 '탁구공' 신세였다. 행사

때마다 담당자가 바뀌고 그 누구도 특별히 신경 쓰지 않았다. 선물 품목 역시 늘 비슷한 수준에 머물렀다. 거북선 모형이나 백자, 청자 같은 전통 공예품이 주를 이루었고, 가끔 삼성 카메라 정도가 추가되는 게 전부였다.

나는 이 일을 잘 해내고 싶었다. 더 정확히 말하자면, 소홀히 여겨지던 이 업무에서 새로운 기회와 가능성을 포착했다. 당시에는 옆문 전략이라는 개념을 명확히 인식하지 못했지만, 워낙 관심도가 떨어지는 업무라 조금만 성의를 가지고 접근하면 유의미한 변화를 만들 수 있을 거란 확신이 들었다. 유능한 동료들 사이에서 나를 차별화하고 각인시킬 좋은 기회가 될 수도 있겠다고 기대하면서 말이다.

사무실과 가까운 인사동을 시작으로 전국을 돌아다니며 다양한 선물 품목을 조사했다. 주말 출근, 휴일 출장 등의 일정으로 시간이 빠듯했지만 각지의 장인들을 직접 찾아가 소통했다. 약주 좋아하시는 분과는 술잔을, 술 안 드시는 분과는 유쾌한 담소를 나누거나 허드렛일을 도와드리며 라포rapport, 마음의 유대를 형성했다. 국빈 선물의 의미와 가치를 높이기 위해 아무나 돈만 있으면 살 수 있는 게 아닌, 특별하고 희소성이 있는 품목을 발굴하려고 최선을 다했다. 소요되는 차비나 식비 등의 경비는 모두 자비로 충당했음은 물론이다.

수개월의 노력 끝에 나만의 국빈 선물 데이터베이스를 구축했고, 이를 바탕으로 단조롭고 획일적이던 선물 품목에 다양하고 새로운 변화를 줄 수 있었다. 양국 정상 간 대화에서 언급될 만한 의미 있는 품목들이 선물로 채택되는 일이 잦아졌고 이에 따라 언론의 관심도, 노출되는 빈도도 높아졌다. 이러한 변화는 전국의 다양한 선물 제작 업체와 뜻있는 작가님들의 동참을 이끌어냈고, 더욱 내실 있는 정상급 선물 품목을 확보할 수 있는 선순환 구조로 이어졌다.

덕분에 국빈 선물 업무는 내 경력의 주요 부분이자 시그니처로 자리잡았다. 매우 이례적으로 미국 상·하원 의원들로부터 공식 감사 서한을 받아 화제가 되기도 했고, 이를 계기로 타 정부 부처나 기업들로부터 선물 관련 자문 요청이 잦아졌다. 심지어 외교부를 떠난 후에도 VIP 선물 컨설팅 의뢰가 이어지고 있다. 참으로 감사하고 놀라운 일이 아닐 수 없다. 남들이 하찮게 여겨 쳐다보지 않던, 혹은 유난 떨어봐야 소용없다고 여기던 일에 열정을 쏟은 덕분에, 의미 있는 성과를 만들 수 있었던 것이다.

정문보다 크고, 넓고, 눈에 잘 띄는 옆문은 흔치 않다. 그래서 우리는 종종 눈앞에서 옆문을 놓치곤 한다. 하지만 옆문은 그 자체로 기회이자 가능성이며 문제 해결의 실마리임을 잊어선 안 된다. 작고 허름해 보이는 옆문도 쉬 지나치지 말자. 그곳에서 새로운 기회를 발견하고 기존에는 없던 가치를 만들어낼 수 있음을 기억하고, 자신이 간과하고 있는 작지만 큰 가능성을 품은 기회가 무엇일지 고민하는 것을 멈추지 말아야 한다.

생존을 위한
절박한
배수의 진

"옆문 전략? 당장 정문으로 드나드는 것도 힘들고 벅찬데 언제 또 그런 걸 찾으라는 거야?"

혹자는 이렇게 볼멘소리를 할 수도 있다. 정문이 닫혔으면 느긋하게 숨 돌리고 앉아 기다리면 될 것을, 군이 망아지처럼 이리저리 뛰어다니며 잘 보이지도 않는 옆문을 찾아야 하나 싶을 수도 있다. 급할수록 돌아가라는 옛말을 들먹이며 고상한 척하고 싶은 마음도 이해할 만하다.

하지만 예상치 못한 난관에 부딪혀 기존 방식으로는 도무지 해법을 찾을 수 없을 때, 옆문 전략은 더 이상 '써도 그만, 안 써도 그만'인 선택지가 아니다. 생존을 위한 배수의 진이 된다. 변화가 가속화되는 현대 사회에서 옆문 전략을 적절히, 그리고 제대로 활용하는 능력은 국가, 기업, 개인 모두에게 핵심 역량이 됐다. 끊임없이 진화하는 환경에서 적응하고 생존하는 데 꼭 필요한 기술이기 때문이다.

석유 부국, 사우디아라비아의 발버둥

열기로 가득한 사막 한가운데 구름을 헤치고 솟구친 초현대적인 구조물들이 경이로운 실루엣을 뽐내고 있다. 길이 170킬로미터에 달하는 직선 도시. 초고층 빌딩을 둘러싼 수많은 유리 표면이 눈부시게 반짝이고 그 사이로는 고도로 발달한 자율 주행 자동차와 드론이 완벽한 조화를 이루며 움직인다. 해안선에는 거대한 인공 섬들이 즐비하고 섬 곳곳에는 각종 휴양 시설이 자리한다. 해변은 나무와 꽃이 가득한 공원으로 꾸며져 있고 사람들은 기술이 제공하는 편리함과 자연이 주는 안식을 만끽한다. 사우디아라비아의 자급자족형 신도시 '네옴시티Neom City'의 미래 모습이다.

네옴시티는 무함마드 빈 살만Mohammed bin Salman 왕세자가 주도하는 '비전 2030'의 핵심 사업 중 하나다. 우리나라 1년 예산과 맞먹는, 무려 5,000억 달러(약 670조 원) 규모의 초대형 프로젝트다. 사우디와 이집트, 요르단에 걸쳐 서울의 약 44배(2만 6,500km²)에 이르는 사막에 직선 도시인 '더라인The Line', 해상 부유식 첨단 산업 단지인 '옥사곤Oxagon', 초대형 산악 관광 단지인 '트로제나Trojena'를 구축해 최대 900만 명을 수용할 계획이라고 발표했다.

입이 떡 벌어지는 스케일에 **"역시 사우디! 역시 오일 머니!"** 라는 말이 절로 나온다. 메가톤급 연봉으로 세계적인 축구 스타들을 줄줄이 영입하고 있는 사우디아라비아 자금의 위력을 익히 알기에 더 그런지도 모르겠다. 하지만 네옴시티는 좀 다르다. 석유로 벌어들인 오일 머니를 앞세워 왕실의 건재함을 과시하기 위함이라고 하기엔 그 규모와 불확실성이 너무 크다. 아무리 기술이 발전했다 한들 광활한 사막에 거대 도시를 건설하는 것은 결코 간단한 일이 아니다. 성공한다고 하더라도 실제 지속 가능한 도시가 될 수 있을지도 불투명하다. 중동 지역의 불안한 정세 또한 국제 기업들이 투자를 망설이는 이유다.

사우디아라비아가 국제 사회는 물론 사우디 내부에서도 회의적인 의견이 적지 않은 이 프로젝트를 강행하는 이유는 뭘까? 전 세계 유력 지도자는 물론 기업인들이 가장 만나고 싶어

하는 무함마드 왕세자가 사재까지 쏟아부어 가며 기를 쓰고 네옴시티를 건설하려는 이유는, 다름 아닌 사우디아라비아의 '생존'에 있다.

석유는 오랜 기간 사우디아라비아 경제를 지탱하는 버팀목이었다. 하지만 기후 변화 등의 이유로 석유 사용량이 점점 줄어들고 있어 사우디아라비아 입장에서는 돌파구가 필요했다. 네옴시티는 그리스어로 '새로운'을 뜻하는 '네오NEO'와 아랍어로 '미래'를 의미하는 '무스타크발Mustaqbal'의 합성어로 '새로운 미래'라는 뜻이다. 사우디아라비아의 현대화를 위한 무함마드 왕세자의 노력을 상징하기도 한다.

이런 의미에서 네옴시티는 석유 의존적인 경제 구조에서 벗어나 첨단 산업 중심의 경제로 도약하려는 사우디아라비아의 절실한 도전이자 발버둥이라 할 수 있다. 첨단 제조업, 관광, 의료, 금융 등 다각화된 산업 생태계를 구축해 새로운 성장 동력을 확보하려는 처절한 몸부림이자 석유 시대의 종말에 대비한 배수의 진이다. 천문학적 규모의 투자와 막대한 인적 자원이 투입되는 위험한 도전이지만, 미래 생존을 위해 시도하지 않을 수 없는 사우디아라비아의 절박한 생존 전략인 것이다.

골든 타임 안에 옆문을 찾아라

빠르게 탈바꿈하는 산업 구조와 환경에 신속히 적응하기 위해 사투를 벌이는 건 비단 몇몇 국가만의 일이 아니다. 옆문 전략은 전 세계 크고 작은 기업의 생존 전략으로도 빈번하게 사용된다. 특히 기업은 기존 방식이나 관점을 내려놓고 새로운 기회의 문을 찾지 못하면 끊임없이 진화하는 글로벌 생태계 속에서 살아남는 것 자체가 힘들다.

대표적인 사례로 넷플릭스의 변신을 살펴보자. 전 세계 190개국이 넘는 곳에서 4억 명 이상이 시청하고 2023년 기준 무려 2억 4,000만 명의 유료 회원을 보유한 넷플릭스는 원래 온라인 DVD 비디오 대여 서비스를 제공하는 회사였다. 고객이 홈페이지에 방문해 대여를 신청하면 해당 비디오를 우편으로 발송했고, 믿기 힘들지만 반납도 우편으로 했다. 넷플릭스의 경쟁 기업은 대형 오프라인 비디오 대여점인 '블록버스터Block-buster'였다. 미국 교환학생 시절 나도 자주 애용했던 블록버스터는 당시 세계적으로 총 9,000여 개의 매장을 보유하고 있었다. 미국에만 3,000개 이상의 매장을 갖고 있었기 때문에 북미 비디오 대여 사업은 블록버스터가 독점하다시피 했다.

시장 점유율이 현저히 낮았던 넷플릭스가 망하기 직전이었을 때, 넷플릭스의 창업주이자 당시 CEO 리드 헤이스팅스Reed Hastings는 생존을 위해 회사의 본질을 싹 바꿨다. 시간과 장소에 구애받지 않는 스트리밍 서비스로 사업 모델을 전환한 것이다. 이는 마치 맥도날드에서 신발을 팔자는 것과 다를 바 없을 만큼 혁신적인 변화였다. 모든 임원이 반대했다. 하지만 기업의 명운을 건 헤이스팅스의 과감한 결단 덕분에 넷플릭스는 오늘날 최대 규모의 멀티미디어 엔터테인먼트 OTTOver The Top, 온라인 동영상 서비스 기업이 될 수 있었다.

반면 블록버스터는 오프라인 비디오 대여점이라는 기존 사업 모델을 지키려고 버티다가 변화를 위한 골든 타임을 놓쳤다. 판단 착오는 치명적인 결과를 낳았고, 그렇게 두 기업의 운명은 갈렸다. 하드웨어만 고수하다 컴퓨터 시장에서 밀려난 IBM이 그랬고, 스마트폰 경쟁에서 뒤처진 노키아도 그랬다. 짧게는 수년, 길게는 수십 년의 노력 끝에 겨우 차지한 업계 최고 자리에서 바닥으로 내리꽂히는 건 순식간이었다. 속 시원하게 소리를 내지를 틈도 여유도 없이, 눈 깜짝할 사이에 추락하는 자이로드롭처럼 말이다.

최선의 대안이자 최후의 탈출구

삶은 우리에게 늘 정문만을 허락하지는 않는다. 현실적인 어려움과 불확실성에 직면했을 때, 버티고 살아남아야 하는 처지는 국가든 기업이든 개인이든 같다. 이럴 때 옆문 전략은 예상치 못한 곳에서 기회를 발견하고 창의적인 방법으로 위기를 극복하는 효과적인 돌파구가 되어준다. 때로는 생존을 위한 마지막 희망이 되기도 한다.

아프가니스탄 출신 래퍼 소니타 알리자데Sonita Alizadeh는 열다섯 살 때 강제 결혼의 위기에 놓였다. 이를 피해 이란으로 도피한 그녀는 랩을 통해 자기 경험과 아프가니스탄 여성들이 겪는 조혼의 실태를 세상에 알렸다. 소니타의 옆문, 즉 음악은 세계의 이목을 집중시켰고, 그 결과 그녀는 미국에서 안전하게 체류하며 교육받을 기회를 얻었다. 소니타에게 랩 음악은 단순한 취미나 재능 이상이었다. 생명의 위협과 자유의 박탈이라는 극단적 상황에서 살아남기 위한 절실하고 절박한 생존 수단이었다.

하지만 옆문 전략이 만능 해결책이나 만병통치약은 아니다. 정문이 항상 열려 있고 자유롭게 드나들 수 있다면 옆문 전략을 짜낼 이유가 없기 때문이다. 석유 경제가 지속된다면 사우디아라비아는 네옴시티 같은 모험을 하지 않을 테고, 미디어 산업 생태계가 변하지 않았다면 넷플릭스도 DVD 대여업에 안주했을 것이다. 소니타도 고향에서 안전하게 잘 살 수 있었다면 위험을 무릅쓰고 낯선 나라로 떠나지 않았을 것이다.

인생이라는 격랑의 바다에서 우리는 언제라도 예기치 못한 암초나 거대한 폭풍을 만날 수 있다. 이때 옆문 전략은 살아남기 위한 최선의 대안이자 최후의 탈출구가 된다. 완벽하지 않더라도, 적어도 생존의 기회는 제공한다.

옆문 전략은 생존을 위한 배수의 진이다. 호화로운 요트가 아닌 구명보트다. 구명보트가 바다 위 모든 배의 필수 장비이듯, 옆문 전략은 우리 모두가 장착해야 할 구명조끼와 같다. 결정적 위기의 순간, 구명보트나 구명조끼의 유무가 생존 여부를 가른다는 것을 잊어선 안 된다.

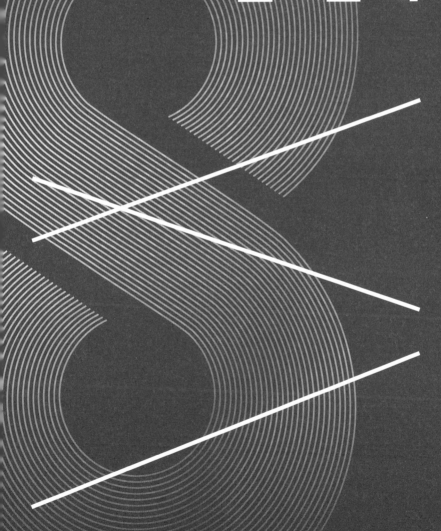

2장

시그널 옆문 전략이
필요할 때

"바람이 불 때 어떤 이는 담을 쌓고
어떤 이는 풍차를 만든다."

중국 격언

정문은 줄고
옆문이 느는
변화의 시대

현대 사회는 급격한 변화의 소용돌이 속에 있다. 기존의 관례와 시스템은 빠르게 무너지고 새로운 패러다임이 속속 등장하고 있다. 이러한 흐름은 일상생활부터 경제, 교육, 금융 등 다양한 분야에서 뚜렷하게 나타나고 있고, 공직 사회도 예외는 아니다.

일반적으로 지방직 9급 공무원이 6급으로 승진하려면 평균 15년이 걸린다. 그런데 최근 이러한 관행을 깬 이례적인 일이 발생했다. '충주시 홍보맨' 김선태 주무관이 그 주인공이다. 2016년 공직 생활을 시작한 김 주무관은 충주시 유튜브 채널 운영을 맡아 큰 변화를 만들어냈다. 딱딱하고 형식적인 기존 공공기관 홍보 영상의 틀에서 벗어나 B급 감성과 패러디를 활용해 유머러스한 콘텐츠로 충주시를 알렸다. 이제까지 시도된 적 없는 방식이었기에 '그게 과연 먹힐까?' 하는 주변의 우려도 적지 않았다. 하지만 김 주무관의 참신한 접근은 큰 성과로 이어졌다. 채널 구독자 수가 2025년 1월 기준 77만 명을 넘어섰고, 이는 공공기관 홍보의 새로운 표준을 제시하는 모범 사례로 자리 잡았다. 충주 시민뿐만 아니라 전국 각지의 관심과 이목을 끌며 충주시의 인지도 제고와 관광객 유치에도 큰 기여를 했다. 이러한 성과를 인정받아 입직 7년 만에 9급에서 6급으로 초고속·파격 승진하는 쾌거를 이뤘다.

기본 시스템에 순응하고 차근차근 따른 사람들 입장에서는 이러한 변화가 달갑지 않을 수 있다. 억울하다 싶을지도 모른다. 하지만 예전에는 당연하게 생각됐던 개념이나 인식이 되돌릴 수 없을 정도로 바뀐 것이 많다. 변화가 싫다면 기존 것을 그대로 유지하는 분야를 찾아가는 게 좋겠지만 이마저도 쉽지 않다. 요즘은 휴게소 호두과자, 전통 시장 두부까지도 키오스크로 주문하고 결제한다. 과일, 채소, 고기 등의 상태를 눈으로 직접 보고 만져봐야 안심이 됐던 5060 세대들조차 이제 쿠팡 로켓프레시나 마켓컬리로 장보기를 끝내버린다. 기계 사용에 익숙하

지 않은 디지털 약자를 배려하지 않는 처사라고 비난해도 소용
없다. 이미 바뀐 시스템이 불평을 늘어놓는 소수를 위해 예전
으로 돌아가진 않는다.

고용, 교육, 금융… 불가역 변화의 바람

이러한 변화의 연장선상에서 주목받는 것이 바로 '긱 이코노
미Gig Economy'다. 1920년대 미국 재즈 클럽에서 단기로 연주자
를 섭외해 공연한 데서 유래한 이 개념은, 기업이나 개인이 필
요에 따라 임시로 계약을 맺고 노동력을 교환하는 경제 형태를
말한다. 긱 이코노미의 핵심은 유연성에 있다. 일반적으로 고
용자가 업무 시간이나 장소를 통제하는 전통적인 방식과 달리,
긱 워커Gig Worker들은 자기 기술과 재능을 활용해 원하는 시간
에 원하는 만큼 일한다. 배달 기사나 온라인에서 활동하는 인
플루언서, 프리랜서 등이 대표적인 예다. 이들은 유연한 환경에
서 자기 역량에 따라 수입을 조절할 수 있다. 물론 고정 수입이
나 고용 기간을 보장받기 어렵다는 단점도 있다. 그럼에도 일
자리의 다양성을 증진시키고 개인의 선택권을 확대하는 긱 이
코노미의 가속화는 돌이킬 수 없는 흐름이다.

교육 분야의 변화도 거세다. 불과 10년 전만 해도 세계 최고

대학의 강의를 듣는 것은 극소수의 특권이었다. 하버드나 MIT 교수의 강의를 들으려면 치열한 입시 경쟁을 뚫고 해당 학교에 입학하고 높은 등록금을 기꺼이 감당해야 했다. 당연히 전쟁 같은 수강 신청 과정도 거쳐야 한다. 지금은 어떤가? 스마트폰이나 태블릿 PC만 있으면 세계 최고 석학의 강의를 언제, 어디서나 들을 수 있다. 코세라Coursera, 유다시티Udacity, 에덱스EdX와 같은 대표적인 무크MOOC, Massive Open Online Course, 온라인 공개 수업 플랫폼 덕분에 출퇴근길 지하철이든, 점심시간 사무실에서든, 주말 오후 집 소파든, 시간과 장소의 제약 없이 자기 페이스에 맞춰 학습할 수 있다.

금융 분야도 마찬가지다. 핀테크fintech, 첨단 기술 기반 금융 서비스 기업의 약진으로 복잡했던 금융 서비스가 초등학생도 쉽게 이용할 수 있을 만큼 간편해졌다. 이제 고령층을 비롯해 스마트 기기 이용이 어려운 이들을 제외하고는 아무도 직접 은행 지점을 방문해 번호표를 뽑고 기다리지 않는다. 주로 해외에 거주하는 나는 이러한 변화가 더 크게 체감된다. 예전에는 귀국할 때마다 가장 먼저 은행을 방문해야 했는데 몇 년 전부터는 그럴 필요가 없어졌다. 예적금은 물론 대출과 주식 거래까지 대부분의 금융 업무를 휴대폰 애플리케이션 하나로 처리할 수 있게 됐기 때문이다. 해외 송금도 마찬가지다. 복잡한 서류를 작성하고 높은 수수료를 내야 했던 과거와 달리, 몇 번의 클릭만으로 간단히 해결할 수 있다. 최근 급작스럽게 떠난 일본 오사카 출장에서도 이러한 변화를 실감했다. 미리 엔화 환전을 하지 못해 걱정했는데 신용카드와 몇 개의 휴대폰 애플리케이션만으로 모든 결제를 아무런 불편 없이 진행할 수 있었다.

치마 길이나 바지 폭, 옷 색깔 등의 유행은 시간이 지나면 되돌아오기도 한다. 이른바 복고復古다. 하지만 경제와 산업의 거대한 흐름은 한 번 바뀌면 되돌리기 어렵다. 이러한 변화 속에서 새로운 옆문이 계속 열리고 있다. 하지만 그 기회의 문을 발견하고 통과하는 일은 우리의 몫이다. 정문이 닫히려고 할 때 곧바로 옆문을 찾아 들어가는 이들은 앞서갈 수밖에 없다. 건물에 비유하자면 먼저 진입했을 때 구조도 더 빨리 익힐 수 있고, 어느 쪽이 전망이 좋은지, 햇볕이 잘 드는지, 이동이 편리한지 등을 파악할 시간도 더 많다. 반면 닫힌 정문 앞에서 느긋하게 다시 열릴 날만 기다리던 이들은 결국 경쟁에서 도태된다.

"바람이 불 때 어떤 이는 담을 쌓고 어떤 이는 풍차를 만든다."

옛 중국 속담이다. 여기에는 변화의 바람을 막으려 하기보다

이를 기회로 활용하라는 지혜가 담겨 있다. 급변하는 현대 사회를 살아가는 우리에게 이보다 더 적절한 조언이 있을까. 정문이라는 익숙함에 집착하고 안주하며 담을 쌓을 것인가, 아니면 낯선 옆문을 통해 새로운 기회의 풍차를 만들 것인가? 선택은 결국 우리 손에 달렸다.

시간과 비용을 아껴주는 전략적 우회로

시간과 비용의 절약은 기업은 물론 개인에게도 중요한 목표다. 이를 실현하는 효과적인 방법 중 하나가 바로 옆문 전략이다. 이것은 기존의 공식 절차인 정문을 우회하여 빠르고 효율적으로 목표에 도달하는 접근법으로, 특히 진입 장벽이 높거나 복잡한 절차가 요구되는 상황에서 그 진가를 발휘한다. 옆문 전략은 비즈니스 성과 향상과 기업의 인재 확보는 물론, 개인의 진로 결정 등 다양한 분야에서 유용하게 활용된다.

코스트코의 비공개 옆문

한국에도 친숙한 미국의 대형 유통업체 코스트코Costco를 예로 들어보자. 현재 전 세계 14개국에 총 850개가 넘는 점포를 보유한 코스트코는 〈포브스Forbes〉 지가 미국 소비자 약 11만 명을 대상으로 실시한 고객 만족도와 신뢰도 조사인 '할로 100Halo 100'에서 1위를 차지했다. 코스트코는 고객이 요청하면 입던 옷도, 신던 신발도, 심지어 먹다 남은 음식까지도 무조건 환불해줄 정도로 고객에게 너그럽다. 그러나 입점 업체나 제품은 상당히 까다롭고 엄격하게 심사하는 것으로 정평이 나 있다. 이런 이유로 코스트코의 고객 만족도는 높을 수밖에 없다. 회원권이 없으면 매장 입장이 제한되는 코스트코의 연회비 지불 회원 수는 약 1억 2,300만 명이다. 이들의 멤버십 갱신율이 90%가 넘는 것만 봐도 코스트코를 향한 고객의 신뢰가 얼마나 두터운지 어렵지 않게 알 수 있다.

코스트코(미국 내 코스트코를 말하며 뒤의 예 또한 미국을 기준으로 함을 밝혀 둔다)는 고객 만족도뿐만 아니라 직원 만족도가 높은 기업으로도 명성이 높다. 〈포브스〉 지가 선정한 '일하기 좋은 회사' 순위에서 7위를 차지했는데, 유통업계에서 유일하게 10위권 내에 진입했다는 점이 특히 주목할 만하다. 전문가들은 코스트코의 높은 직원 만족도가 고객 서비스의 질적 향상으로 이어지고, 이것이 코스트코의 지속적인 성공을 견인하고 있다고 분석했다.

한편 코스트코에 입점하려는 업체들의 경쟁은 치열하다. 입점 절차는 코스트코 공식 웹사이트를 통해 회사 및 상품 정보를 포함한 신청서를 제출하는 것에서 시작한다. 서류 심사와 평가는 짧게는 몇 주, 길게는 몇 달까지 걸린다. 입점 담당자는 업체의 제품이나 서비스가 고객 수요는 물론 코스트코의 비즈니스 모델과도 부합하는지 세심하게 검토하고 따진다. 꽤 오랜 시간이 지나도 연락을 받지 못하는 경우도 있다. 제출한 정보가 미흡하거나 해당 카테고리에서 신규 공급 업체를 찾고 있지 않을 수 있기 때문이다. 마침내 코스트코로부터 연락을 받는다 해도, 이는 입점 확정이 아닌 추가 정보 요청 또는 담당자와의 미팅 제안일 가능성이 크다. 그럼에도 업체는 그 기회를 최대한 활용하고자 제품이나 서비스의 특장점을 부각하는 자료를 철저히 준비한다. 이 과정에서 동일 품목 납품을 희망하는 타 업체들과 경쟁을 벌이기도 한다. 이 모든 관문을 통과한 업체만이 최종적으로 코스트코와 입점 계약, 가격 협상, 제품 공급 계획 등을 논의하게 된다.

입점 승인이 떨어지면 코스트코 측에서 납품 날짜와 시간을 지정해준다. 이때 제품 확인이나 검수를 꼼꼼히 하느라, 혹은 지독한 교통 체증 때문에 시간을 어기게 되면 상당히 곤란해진다. 애써 준비한 제품을 갖고 되돌아가야 하는 것은 물론, 입점 담당자가 다시 다른 날을 정해줄 때까지 기약 없이 기다려야 하기 때문이다. 10분, 20분이 아니다. 단 2분만 늦어도 그렇다. 그게 원칙이다. 믿기 어려운가? 나도 그랬다. 말도 안 되게 빡빡하고 야박하다 싶은가? 나 역시 그렇다고 생각했다. 하지만 놀랍게도 이 모든 과정은 사실이다. 이른바 코스트코 입점을 위한 정문이다. 일부러 군소 업체를 괴롭히거나 진입 장벽을 높이려는 의도가 아니다. 워낙 많은 업체를 상대하다 보니 이런저런 편의를 다 봐주다 보면 끝이 없기 때문이다. 이는 곧 비용 상승으로 이어져 고객에게도 결국 손해다.

그 정문 한번 대단하고 물건 납품하는 과정이 그렇게나 까다롭고 오랜 시간이 걸릴 일인가 싶을 수 있다. 하지만 코스트코뿐만 아니라 대부분의 대형 유통업체는 저마다의 정문이 있다. 미국 1위 유통업체인 월마트에도 있고, 코스트코와 대등하다고 주장하지만 실제로는 여러 면에서 경쟁 상대가 되지 못하는 샘스클럽에도 비슷한 입점 절차가 존재한다.

코스트코 입점에 소요되는 시간은 빠르면 몇 개월, 길게는

1~2년이다. 상당한 시간과 비용을 들여 마침내 입점했다고 해도 방심은 금물이다. 고객 반응이 시원찮으면 판매 부스를 빼버리거나 고객 발길이 거의 닿지 않는 곳으로 옮겨버린다. 미련도 망설임도 없다. 그럼에도 불구하고 수많은 업체가 코스트코 입점을 노리는 이유는 명확하다. 엇비슷한 규모의 월마트나 샘스클럽에 비해 코스트코 회원들의 구매력이 훨씬 크기 때문이다. 입점 후 한두 달 만에 '튕겨 나가'더라도 '코스트코 입점 브랜드'라는 타이틀은 훈장으로 남아 매출 향상에 큰 도움이 된다.

간혹 엄격하고 체계적인 입점 절차를 감당할 수 없을 것 같은, 딱 봐도 작은 규모의 업체 제품이 코스트코에서 팔리고 있는 경우가 있다. 주로 부활절이나 여름 방학, 핼러윈, 크리스마스 등 특별한 시즌에만 반짝하고 나타났다가 사라지는 제품들이다. 이들 업체는 대체로 영세해서 입점 가이드라인을 충족할, 즉 정문으로 들어갈 여력이 없다. 그러기에는 시간도 비용도 인력도 부족한 경우가 대부분이다. 그런데 어떻게 콧대 높은 코스트코 매장에, 그것도 명당 자리에 떡하니 자리를 차지할 수 있었을까? 내로라하는 대형 기업들이 치열한 입점 전쟁을 벌이는 틈을 비집고 들어갈 수 있었던 비결, 그것은 다름 아닌 '옆문 전략'이었다.

그렇다. 코스트코에는 아는 사람들은 이미 다 아는 옆문이 존재한다. 매장 입점 담당자는 특정 시즌의 고객 수요나 지역 니즈를 고려해 시의성 있는 제품에 한해 신속한 입점을 결정할 재량이 있다. 이를 이용하면 어떻게 될까? 운이 좋으면 며칠 만에 부스가 설치되기도 한다. 사회적으로 이슈가 되고 있어 고객이 관심을 가질 만한 상품이거나, 수요가 발생하는 상황에서 첩첩산중인 입점 단계를 다 거칠 여유가 없는 제품이면 옆문 통과 가능성이 높아진다. 고객은 음식과 생필품은 물론이고 필요한 물품이나 서비스를 이 마트, 저 마트 돌아다닐 필요 없이 한곳에서 구매하길 희망한다. 시간과 비용을 아끼고 싶기 때문이다.

코스트코의 옆문은 이러한 고객의 니즈를 완벽하게 충족시킨다. 고객은 자고 일어나면 바뀌는 트렌드에 발맞춘 따끈따끈한 제품을 늘 가는 곳에서 즉시 구매할 수 있어 편리하다. 작은 규모의 업체는 구매력 높은 고객으로 붐비는 대형 브랜드 매장에서 자기 제품이나 서비스를 판매하고 홍보할 수 있어서 좋다. 코스트코는 매출을 경쟁업체에 뺏기지 않으면서 고객들로 하여금 '코스트코에는 모든 것이 다 있다!'라고 생각하게 해 고객 만족도와 충성도를 한층 더 높일 수 있다. 이는 당연히 기업

이익으로 직결된다. 누구도 잃을 게 없는 영리한 전략이 아닐 수 없다.

이렇듯 모두가 덕을 보는 구조라면, 왜 코스트코는 옆문을 적극적·공식적으로 외부에 알리지 않는 걸까? 이유는 단순하다. 입점 희망 업체가 너무도 많기 때문이다. 예를 들어 유명한 가수의 콘서트가 열린다고 하자. 주최 측에서 한두 장 혹은 대여섯 장 정도 초대권을 발행하는 건 어려운 일이 아니다. 그렇다고 좌석을 모두 초대권으로 채울 수는 없다. 그건 인터넷 속도가 조금이라도 빠른 곳에 찾아가 예매 창이 열리길 고대하는 수많은 팬에 대한 예의가 아니다. 코스트코가 대놓고 옆문 사용을 권장할 수는 없는 이유다.

국내 대기업이 활용하는 옆문 채용

시간과 비용을 절약하며 목표를 달성하는 옆문 전략은 비단 유통업계에만 국한되지 않는다. 이러한 접근법은 기업의 인재 채용 과정에서도 널리 활용되고 있다. 삼성, SK, 현대자동차를 포함한 재계 10대 그룹은 2027년까지 약 38만 명의 직원을 신규 채용하겠다고 발표한 바 있다. 그러나 현실은 야심 찼던 계획과 다소 거리가 있어 보인다. 많은 대기업이 오히려 공채 규모를 줄였고 반도체, 배터리, 조선 등 일부 업종을 제외하고는 고용이 감소한 것으로 조사됐다. 그만큼 여건이 좋지 않다는 얘기다. 글로벌 경제의 불확실성과 실적 악화 등 복합적인 위기 상황에 놓인 기업이 무턱대고 고용을 늘리긴 어렵다.

대규모 신입 사원 채용과 교육에는 상당한 시간과 비용이 소요된다. 그렇다고 해서 기업 경쟁력의 핵심인 인재 확보를 포기할 수는 없는 노릇이다. 이러한 딜레마를 해결하기 위해 많은 기업이 채용 패러다임의 전환을 모색하고 있다. 오랜 기간 인재 채용의 정문으로 여겨졌던 대규모 신입 공채 대신, 전문 분야에 특화된 상시, 수시, 특별, 경력 채용 등을 늘리는 방식이다. 특정 직무와 직위에 꼭 맞는 인재를 뽑는 새로운 형태, 즉 '옆문형 채용' 방식을 확장하는 추세다. 우리나라 사람은 과거 '평생직장' 개념이 강했던 탓에 유독 공채에 집중하는 편이지만, 해외에서는 이미 이러한 옆문형 채용 방식이 보편화되어 있다. 앞으로는 국내외 기업을 막론하고 경력자 중심의 채용이나 필요에 따른 수시 채용이 더욱 활성화될 게 자명하다. 기업의 본질적 목표는 이윤 추구에 있고 옆문형 채용을 통한 유연한 고용 형태는 기업의 시간과 비용을 크게 절감해주기 때문이다.

옆문 전략은 개인의 진로 선택에도 활용된다. 이는 특히 의

사나 변호사 같이 진입 장벽이 높고 준비 과정에 많은 시간과 비용이 소요되는 전문직 분야에 유용하다.

사람을 살리고 돕는 일에 관심이 많고 잘할 수 있을 것 같은데 의과대학에 입학할 실력이 되지 않는다면 방향을 틀어 약학대학이나 간호대학을 가보는 거다. 물론 이들 대학도 입학이 쉽지 않다. 하지만 진학 준비를 하면서, 혹은 입학 후 수업이나 실습 과정에서 막연하게 동경했던 의료인의 삶을 미리 경험할 수 있다. 감당하기 어렵다는 생각이 들거나, 제대로 배우고 싶은 마음이 생길 수도 있다. 둘 중 어떤 경우라도 손해 볼 건 없다. 후자라면 좀 더 뚜렷해진 동기를 밑거름 삼아 시간이 좀 걸리더라도 진득하게 의과대학 진학에 도전하면 된다. 그간의 경험으로 의학 용어나 임상 상황이 익숙한 상태일 테니 다른 지원자보다 수월하고 유리한 입장을 만들 수 있다. 수년간 노력 끝에 의과대학에 진학했는데 막상 접해보니 적성에 맞지 않다는 것을 깨닫고 고민에 빠진 경우보다 훨씬 낫다. 옆문 전략을 통해 미리 경험해봄으로써, 많은 것을 포기하고 투자한 시간과 비용에 대한 후회를 피할 수 있기 때문이다. 게다가 부모의 기대나 주변의 시선 때문에 할 수 없이 버티며 괴로워하지 않아도 된다.

정문은 들어갈 때도 그렇지만 나갈 때도 큰 기회비용을 필요로 한다. 정문이 크고 높을수록, 그 벽이 두꺼울수록 적극적으로 옆문을 타진하고 활용해야 한다. 그래야 무조건 정문만 고집하며 내달리는 실수를 막을 수 있다. 정문만을 목표로 시간과 돈을 낭비하는 상황도 예방할 수 있다.

정문이 나쁜 게 아니다

하지만 오해는 말자. 정문이 나쁘다는 얘기를 하려는 건 아니다. 모든 일에 무조건 옆문을 사용하라는 것도 아니다. 정문으로 들어갈 수만 있다면 굳이 기를 써서 옆문을 이용할 필요가 없다. 애초에 옆문을 찾고 여는 것 자체가 당최 열리지 않는 정문에 대한 돌파구 찾기다.

예를 들어 교육대학교 또는 사범대학교 졸업 후 임용 고시에 합격해 교사가 되면, 즉 정문을 통하면 타 직업군에 비해 출산, 육아, 배우자동반 휴직 등이 자유로운 편이다. 반면 빈자리를 메우기 위해 한시적으로 채용하는 기간제 혹은 계약직 교사는 똑같은 일을 해도 월급이 적고 휴직 등의 혜택도 제한적이다. 대기업도 마찬가지다. 본사에서 수 개월간 공식 절차를 밟아 채용하고 교육한 직원과 필요에 따라 그때그때 충원한 직원의 복지 내용에는 차이가 있다. 직업의 안정성이나 각종 복지

혜택은 결코 무시하지 못할 정문의 크나큰 매력이자 장점이다. 다시 말하지만 정문을 통과할 여력이 된다면, 애써 옆문을 찾지 않아도 된다.

목표를 달성하거나 문제를 해결하는 데 있어 어떤 방법을 선택할지는 개인의 몫이다. 오랜 시간과 상당한 비용을 들여서라도 정문으로 들어가고 싶다면 그렇게 하면 된다. 하지만 갖은 방법을 동원했는데도 도무지 열리지 않을 때, 곧바로 주저앉거나 포기하지 말고 다른 가능성이나 기회, 해결의 실마리를 찾아보자는 것이 옆문 전략의 핵심임을 잊지 말자. 정문이든 옆문이든, 더 수월하게 열리는 문을 찾아 원하는 바를 달성하고 성취하면 된다.

옆문만이
유일하게 남은
선택지라면

변화를 두려워하는 것은 인간의 본성이다. 따라서 기존의 생활 패턴 또는 경영 방식을 고수하려는 경향은 개인과 조직 모두에게서 흔하다. 당면한 문제가 없을 때는 새로운 접근법이나 변화를 추구하는 데 소극적일 수밖에 없다. 하지만 갑작스럽게 혹은 예견하지 못한 위기에 직면하면, 즉 익숙하게 드나들던 정문이 닫히면 상황은 달라진다. 평소에는 선택지로 여기지 않았던 옆문만이 유일한 탈출구이자 기회의 문으로 남는 경우가 생기기도 한다.

이러한 현상은 특히 기업 세계에서 두드러진다. 오랜 기간 안정적으로 성장해온 기업도 하루아침에 고꾸라질 수 있는 게 현실이다. 급변하는 시장 환경 속에서 정문이 갑자기 닫혔을 때, 혹은 서서히 닫히고 있을 때, 그 즉시 옆문을 찾아 나설 준비가 되어 있어야 한다. 그렇지 않으면 기업의 운명은 순식간에 바뀔 수 있다. 지속적으로 변화하고 혁신하는 것, 즉 항상 옆문을 염두에 두고 준비하는 것은 기업의 생존과 번영을 위한 필수 요소이자 유일한 전략이다. 현실에 안주하다가는 돌이킬 수 없는 난관에 봉착할 수 있고 이는 곧 기업의 존폐를 흔들기 때문이다.

일본의 대표 전자 기업 도시바Toshiba의 몰락은 이를 여실히 보여준다. 2023년 말, 74년간의 도쿄증권거래소 거래를 마감하고 상장 폐지된 도시바는 한때 일본 최초의 컬러 TV, 세계 최초 노트북 출시 등 수많은 혁신을 보여주며 148년간 명성을 떨쳤다. 하지만 세상에 영원한 건 없었다.

스마트폰 시대가 도래하고 한국과 중국 기업들이 급부상하면서 기존의 정문이 점차 닫히기 시작했다. 이때 도시바는 시대가 요구하는 기술을 선보이며 과감한 사업 구조 개편이나 새로운 시장 개척 같은 옆문을 찾았어야 했다. 그러나 기존 사업에만 안주한 채 무리한 투자를 감행했고, 투명해진 세상에서 급기야 회계 부정이라는 잘못된 선택까지 하고 말았다. 일본 기술력의 상징이자 자존심이었던 도시바의 쇠락은 변하지 않으면 죽고 혁신하지 못하면 망한다는, 즉 정문이 닫힐 때 옆문을 찾지 못하면 백년 기업도 언제든지 무너질 수 있다는 뼈아픈 교훈을 남겼다. 전 세계 여러 기업의 간담을 서늘하게 만들기 충분했다.

선택이 아닌 유일한 옵션

2024년 초, 국내 주요 기업 대표들의 신년사에는 '변화', '혁신', '위기 극복'이 핵심 키워드로 부상했다. 이는 글로벌 경기 침체와 대내외 불확실성이 지속되는 상황에서 기업들이 기존 경영 방식의 한계를 절감하고 새로운 활로를 찾아야만 하는 현실을 반영한다. 기업 총수들은 계열사 간 협업을 강화하고 신사업 발굴에 속도를 내는 한편, 경영진 회의 체계를 개편해 의사결정의 효율성을 높이는 등 전방위적 혁신을 추진하고 있다.

이러한 변화는 경기 불황과 저성장이라는 위기에서 돌파구를 찾으려는 노력으로 기존 방식으로는 생존과 성장이 어렵다는 절박함에서 비롯된 것이다. 기업 세계에서 옆문을 찾는 것은 이제 선택이 아닌 유일한 옵션이 되어가고 있다.

교육 분야에서도 유사한 움직임이 감지된다. 최근 영국 대학들이 도입한 '주 3일 압축 수업' 시스템은 학생들이 개별적으로 시간표를 짜는 것이 아닌, 영국 법학대학을 비롯한 다수의 대학이 모든 강의를 주 3일로 한정하는 방식이다. 이것은 단순한 교육 방식의 혁신을 넘어 고등 교육 기관의 존속을 위한 불가피한 선택이었다.

2023년 6월 영국 고등교육정책연구소HEPI의 조사 결과에 따르면, 대학생의 절반 이상(55%)이 학업과 일을 병행했다. 76% 정도는 주 평균 13.5시간을 일하고도 생활비 부담으로 학업 중단을 고려한 적이 있다고 했다. 결국 '주 3일 압축 수업' 시스템은 경기 침체와 인플레이션으로 경제적 어려움을 겪는 학생들을 위한 것이었다. 학업을 지속하면서 생활비를 벌 시간을 확보해주는 방법이자 이들의 등록금으로 유지되는 대학의 생존을 위한 자구책이었다.

물론 학생들 사정이 딱해서 어떻게든 도움을 주고 싶은 대학 측의 배려도 없다고는 할 수는 없다. 하지만 엄밀히 따지면 대학도 교육이라는 서비스를 제공하는 사업체다. 국가 보조금으로 운영되는 국립이나 비영리 대학이 아니고서야 수익으로 유지되는 기업과 크게 다르지 않다. 학교로서는 고객에 해당하는 학생들을 어떻게든 잡아야 한다. 학교 운영비와 교직원 월급을

지출해야 하는 상황에서 학생들이 떨어져 나가는 상황을 두고 볼 수만은 없는 것이다. 수업 시간이 줄어들면 교수 월급도 줄어들고 교직원들도 어느 정도의 출혈을 감수해야 하지만, 수익이 아예 끊기는 것보다는 낫다. 단수 상황을 떠올려보자. 물이 한 방울도 나오지 않는 것보다는 졸졸 조금씩이라도 계속 나오는 게 훨씬 낫지 않은가. 결국 대학들은 수업 일수 조정으로 수입이 다소 줄더라도 학생들의 등록을 유지하는 것이 생존을 위한 유일한 길이라고 판단한 것이다.

개인의 삶에서도 옆문은 유일한 문제 해결법이 되기도 한다. 역사상 최초의 억만장자 작가가 된 《해리포터》의 원작자 J. K. 롤링J. K. Rowling을 예로 들어보자. 《해리포터》 시리즈는 영국뿐만 아니라 전 세계에서 대단한 인기를 끌었다. 하지만 그녀가 속된 말로 '등 따습고 배불러서' 그러한 대작을 쓸 수 있었던 건 아니다.

그녀는 폭력을 일삼던 배우자와 이혼 후 어린 딸을 혼자 키우며 영국 정부에서 제공하는 보조금으로 근근이 생활을 유지했다. 분유가 부족해 딸에게 맹물만 먹여야 했던 날도 많았던 그녀에게 웬 소설 쓰기냐고 말하는 사람이 왜 없었겠나. 아마도 그녀 자신이 가장 글쓰기를 고민했을 것이다. 당장 어떤 일이라도 해서 생활비를 벌어야 하는 건 아닌지 갈등했을 것이다. 하지만 아이를 맡길 곳도 맡아줄 사람도 없었다. 결과를 장담할 수 없었지만 글쓰기를 계속해야 했다. 그녀와 딸을 생계 문제로부터 구원해줄 유일한 해결책이었기 때문이다. 잠든 딸이 깰까 봐 발로는 유모차를 밀고 손으로는 글을 쓰는 생활을 계속했다. 그녀에게 글쓰기란 작가 타이틀을 얻고 싶은, 우아하고 고상한 취미가 아니었다. 자식에게 제대로 된 신발 한 켤레 사 줄 수 없었던 가난한 엄마의 절박한 몸부림이었다.

필사적으로 찾고 전력을 다해 열어야 한다

"**Desperate times**, (call for) **desperate measures**"라는 표현이 있다. "**절박한 시점에서는 필사적인 조치가 필요하다**"는 뜻이다. 작가에게 원고 마감일이 그렇고, PD에게 편집 마감 시간이 그렇다. 학생에게 시험 기간이, 교수에게는 시험 출제 기한이 그렇다. 평소에는 초저녁만 되면 꾸벅꾸벅 졸다가도 시험이나 발표일이 다가오면 압박감을 못 이겨 너끈히 밤을 새운 경험은 누구에게나 있다.

내게도 그런 'desperate times(절박한 시기)'가 있었다. 열한 살 때 가족과 함께 캐나다에 갔다. 생애 첫 해외 거주 경험에 들뜨고 설렌 마음도 잠시, 학교생활이 시작되면서 크나큰 좌절감과 패배감을 맛보았다. 한국에서는 활발하고 리더십 있는 학생이었는데, 그곳에서는 높디높은 언어 장벽에 가로막혀 입이 있어도 말을 할 수가 없고, 귀가 있어도 들리지 않아 막막하고 괴로웠다.

내게는 두 가지 선택지가 있었다. 하나는 한국으로 돌아가는 것이고 다른 하나는 어떻게든 영어를 습득하는 것이었다. 지금이야 번역 애플리케이션이 워낙 발달했고 스마트폰에 AI 번역 기능이 탑재되어 있기도 하지만, 그때는 개인 휴대폰도 없던 시절이었다. 몇 날 며칠을 울면서 한국에 돌아가자고 졸랐지만 현실적으로 불가능했다. 결국 영어 배우기만이 유일한 선택지였다. 말을 하지도 듣지도 못하는 상태로 계속 지낼 수는 없었기 때문이다.

필사적으로 영어 학습에 매달렸다. 학교에서 하루 한두 시간 하는 ESLEnglish as a Second Language, 비영어권 학생들을 위한 기초 영어 수업만으로는 부족했다. 한국인이 적은 동네였기에 과외 선생님 구하는 것도 여의치 않았다. 별수 없이 밤낮없이 영어를 듣고 또 들었다. 자는 동안에도 영어 카세트를 틀어뒀다. 방, 복도, 화장실, 부엌, 신발장, 대문 등 눈이 닿는 모든 곳에 영어 단어와 문장을 주렁주렁 걸어놓고 입이 부르트도록 외웠다.

그로부터 딱 3개월이 되던 날, 아침에 학교에 들어서는데 깊은 물속에서 빠져나온 느낌이 들었다. 그저 소음에 불과하던, 너무 빨라서 도무지 알아들을 수 없던 선생님과 친구들의 말이 비로소 귀에 들어온 것이다. 그날의 희열, 그 순간의 해방감은 지금도 잊을 수 없다.

그때 필사적으로 열었던 옆문이 전환점이 되어 이젠 영어가 한국어만큼 편하다. 물론 내 경험을 J.K. 롤링의 사례와 비교할 순 없다. 하지만 누구에게나 절박한 시절은 있다. 나로선 예민한 사춘기 시기에 자아를 잃지 않고 살아남아야 했고, 또래 관계가 절실한 나이에 말도 잘 통하지 않는 낯선 환경에서 친구를 만들어야 했다. 롤링과 나는 처한 상황은 달랐지만 각자의 옆문을 향해 전력을 다했다. 그것만이 유일한 선택지였기 때문이다.

탈출로는 대개 옆에 있다

때로는 사방이 꽉 막힌 것 같은 위기 상황에 놓이기도 한다. 한 발짝도 앞으로 나아갈 수 없을 만큼 캄캄하게 느껴질 때도 있다. 하지만 아무것도 하지 않으면 아무 일도 일어나지 않는다. 상황이 어려울수록, 위기에 직면한 때일수록, 갑작스러운 변화가 두려울수록, 정문이 완전히 닫혀 더는 옴짝달싹 못 하겠다고 느낄수록 적극적으로 옆문을 찾아야 한다. 옆문은 정해진 무언가가 아니다. 위기 상황에서 스스로 내는 새로운 길이다. 그래서 정답도 오답도 없다. 현실에서 벗어나고자 발버둥치는 과정에서 예상치 못한 기회와 해결책을 찾을 수 있다. 어려움에 빠졌지만 용기를 내 옆문을 탐색함으로써, 크게 성장하거나 인생의 전환점을 맞이할 수 있다.

　방법이 없는 건 존재하지 않는다. 당장은 보이지 않을 수 있어도 눈을 씻고 찾으면 뭐라도 나오기 마련이다. **"호랑이 굴에 잡혀가도 정신만 차리면 산다"**는 속담이 괜히 있는 게 아니다. 절박한 상황에서도 희망을 잃지 않고 노력한다면 반드시 탈출구를 찾을 수 있다. 다만 탈출로는 때때로 우리에게 익숙한 정문이 아닌 옆문을 통해 열린다. 위기 상황에 맞닥뜨렸을 때는 더 필사적으로 옆문을 찾아야 한다. 그것이 막다른 골목에서 빠져나올 수 있는 유일한 방법이자 기회가 될 수 있기 때문이다.

과감한 도전은
언제나
남는 장사

살다 보면 지나치기엔 아쉽지만 시도하기엔 망설여지는 순간들이 종종 있다. 무언가를 요청하고 싶은 마음, 새로운 시도를 해보고 싶은 욕구, 평소와는 다른 행동을 취하고 싶은 충동 등이 있어도 막상 실행하려면 주저주저하게 된다. '창피하겠지?', '거절당하면 어떡하지?', '번거롭게 하거나 폐를 끼치는 건 아닐까?' 하는 생각들이 발목을 잡기 때문이다.

모든 선택과 행동에는 득과 실이 함께 따라오기 마련인데, 우리는 으레 실패나 거절의 가능성부터 떠올리는 경향이 있다. 하지만 이는 어디까지나 오지 않은 미래에 대한 걱정일 뿐이다. 기회 앞에서는 주춤거리지 말아야 한다. 때로는 작은 용기로 시작된 사소한 시도가 예상치 못한 큰 혜택이나 의미 있는 경험으로 이어질 수 있는데, 이것이 바로 옆문 전략의 핵심이다.

똑똑, 일단 노크하기

옆문 전략의 가장 큰 매력은 잃을 것이 거의 없다는 점이다. '밑져야 본전'을 넘어 안 하는 것보다 하는 게 백번 남는 장사다. 대단한 각오나 결단 없이도 가능하다. 단순히 물어보거나 가볍게 시도해보는 것만으로도 예상치 못한 혜택이나 기회를 얻을 수 있다. 원하는 결과를 얻지 못하더라도 시도 자체가 새로운 경험이기에 어떤 식으로든 보탬이 된다. 주저하거나 망설이지 말고 과감하게 옆문을 여는 게 중요하다. 그래야 일상에서 놓치기 쉬운 기회를 포착하고 그에 따른 이익을 얻을 수 있다. 정도의 차이는 있겠지만, 옆문 전략은 우리의 삶을 더욱 풍요롭고 편리하며 알차게 만들어준다.

한국을 제외한 대부분 국가에는 전세 제도가 없다. 나라 분위기나 집주인에 따라 조금씩 달라지긴 하지만, 통상 세입자는 월 임대료의 3~5배 정도를 임대 보증금으로 내고 계약 기간 동안 다달이 월세를 낸다. 집주인에게 임대 보증금은 세입자가 임대료를 연체하거나 계약 기간을 위반해 손해가 발생할 경우를 대비한 보험과도 같다. 세입자가 의무를 잘 이행했다면 집주인은 계약 종료와 동시에 임대 보증금 전액을 반환해야 한다. 하지만 티끌 같은 이유를 물고 늘어져 어떻게든 보증금 일부를 차지하려는 집주인도 심심찮게 있다. 특히 세입자가 그 지역 사람이 아닌 낯선 이방인이거나 뜨내기 단기 체류자라면 더 그렇다.

미국은 현역 또는 퇴역 군인이 임대차 계약을 할 때 임대 보증금을 면제해주는 제도가 있다. 직업 특성상 언제 어디로 파견될지 모르는 상황을 배려한 것이다. 일부 국가에서는 UN 등 국제기구 직원과 외교관에게도 이 제도를 적용한다. 이들 역시 정치·경제적 상황에 따라 갑작스럽게 국가 간 이동을 해야 하는 경우가 발생하기 때문이다. 그러나 해당 절차나 규정, 권고 사항이 있다고 해도 집주인이 보증금을 꼭 받겠다고 고집을 피우면 어찌할 도리가 없다. 그래서 같은 직장에 근무하는 직원들끼리도 집주인의 태도나 계약 조건에 따라 임대 보증금 면제 여부가 갈린다. 누구는 면제받고 누구는 낸다.

한국의 경우 대다수의 대기업은 주재원의 임대 보증금을 포함한 주택 임차 비용 전체를 회사가 부담한다. 반면 공무원은 보증금 지원에 제한이 있어 상당 부분을 개인이 부담해야 한다. 임대 보증금 면제 여부는 그래서 꽤 중요한 문제가 된다. 금전적으로 여유 있는 경우가 아니라면 더 그렇다.

다행히도 나는 한 번도 임대 보증금을 낸 적이 없다. 어떻게 집주인을 설득했냐는 질문을 종종 받는데 사실 설명하기 민망할 정도로 별것이 없다. 그저 '밑져야 본전'이라는 마음가짐으로 집주인에게 보증금을 안 내도 되는지 물어본 것뿐이다. 놀랍게도 많은 사람이 임대 보증금 면제가 가능하다는 사실조차 모른다. 집주인, 부동산 중개인, 심지어 세입자들조차도 말이다. 집주인이 충분히 보증금을 면제해줄 의향이 있더라도, 세입자가 이를 모르면 소용없다.

물론 아무리 부탁하고 애원해도 꿈쩍없는 집주인이 있을 수 있다. 그렇다고 의사 확인조차 하지 않는 건 안타깝고 어리석은 일이 아닐 수 없다. 말 몇 마디로 수백만 원, 많게는 1,000만 원도 넘는 금액을 절약할 수도 있는데 창피해서, 거절당할까 봐, 번거로워서, 자존심 상할까 봐 입에 올리지도 못하는 이들이 있다. 실컷 복권을 사놓고는 당첨되지 않을 것 같으니 아예 긁어보지도 않겠다는 것과 다를 바 없다.

미국 텍사스주 샌안토니오에 있는 씨월드SeaWorld에 갔을 때의 일이다. 객실에 들어갔는데 벽에 걸린 액자 옆에 껌 하나가 붙어 있었다. 그리고 몇 분 후, 침대 모서리에 긁혀 다리에서 피가 났다. 덮개를 들춰보니 날카로운 철제 프레임이 삐져나와 있었다. 다행히 심한 상처는 아니었지만 소독은 필요할 것 같아 로비로 내려가 상황을 설명했다. 말을 꺼낸 김에 벽에 붙어 있던 껌 얘기도 했다. 그러자 지배인이 매우 미안해하며 숙박비 전액을 호텔에서 부담하겠다고 했다. 물놀이를 앞두고 생긴 일이라 유쾌하진 않았지만 지배인의 통 큰(?) 제안에 짐짓 놀랐다. 팔다리가 부러진 것도 아니고, 다른 투숙객의 관심을 끌만큼 언성을 높이거나 강하게 불만을 표시한 것도 아니었다. 소독약과 밴드를 받으면서 차분히 설명한 게 다인데도, 결과적으로 600달러가 넘는 숙박비를 아끼게 됐다.

같은 상황에서 '뭐야, 이 호텔에 다신 안 와야지. 진짜 열 받네!' 하고 화를 내거나 SNS 등에 불만 가득한 리뷰를 쓰는 것으로 분을 삭일 수도 있다. 호텔 직원들을 쏘아보며 불만과 분노를 드러낼 수도 있다. 실제로 비슷한 일이 생겼을 때 적지 않은 투숙객이 귀찮거나 창피해서, 혹은 쩨쩨해 보일까 봐 그냥 참고 넘어간다. 하지만 간단한 요청이나 질문만으로도, 불편함을 보상받는 경우가 꽤 있다. '밑져야 본전이지, 뭐!', '안 되면 말고!' 하는 생각으로 시도해보는 것 자체로 의미가 있다. 내 경우처럼 상황이 개선되거나 일이 해결될지 누가 알겠는가.

옆문 전략

혼자 상상하는 대신 부딪혀 물어보기

한때는 시장이나 가게에서 가격을 흥정하는 게 당연했다. 저렴한 채소든 비싼 가구든 흥정은 보편적 과정이었다. 하지만 가격 정찰제가 생기고 카드 사용이 일상화되면서 이런 문화는 점차 모습을 감추었다. 더구나 백화점 같은 곳에서는 공식적인 세일 기간이 아니라면 가격 흥정은 꿈도 못 꿀 일이다. 그런데 어느 날 나의 이런 생각이 바뀌는 일이 생겼다.

어머니와 함께 쇼핑을 하는데 어머니가 난데없이 매니저에게 추가 할인을 요구하는 게 아닌가. 단골 매장이긴 했지만 나는 적잖이 당황했다. 왜 억지를 피우느냐고 어머니 옆구리를 찔렀다. 놀라운 일은 그다음 순간 생겼다. 매니저가 **"당연히 해드려야죠"** 하며 그 자리에서 가격을 15%나 깎아주는 게 아닌가. 이러면 남는 게 없다느니, 아무나 못 해준다느니, 이번 한 번만 해드린다느니 하는 흔한 실랑이도 없었다. 요즘은 백화점에서 점장이나 매니저 재량에 따라 추가 할인을 해주는 것이 그리 특별한 일이 아니지만, 당시는 정말 흔치 않은 일이었다.

예전에는 그런 어머니를 창피하다고 비난하고 부끄럽게 여겼는데, 요즘엔 나도 백화점, 아울렛, 면세점에 가면 자연스레 깎아줄 수 있느냐고 묻는다. 신기하게도 열에 일곱은 흔쾌히 할인해주거나 그게 안 되면 꽤 쓸 만한 사은품을 챙겨주었다. 그냥 한 번 물어봤을 뿐인데 그 대가로 누리는 혜택의 영역은 점점 넓어지고 종류도 많아졌다. 예컨대 호텔의 경우, 만실이 된 경우를 제외하고는 무료로 객실을 업그레이드하거나, 전망이 더 좋은 객실을 배정받을 수 있었다. 무료 제공 생수는 대개 2병이라지만 로비에 직접 내려가 부탁하면 한두 병쯤은 더 받을 수 있었고, 수영장이나 사우나 무료입장 인원도 추가 비용 없이 충분히 조율이 가능했다. 체인 호텔이라면 지점마다 무료로 제공되는 서비스의 종류나 범위가 다르기에 안내문을 꼼꼼하게 읽어보는 것도 방법이지만, 호텔 직원에게 직접 문의하는 것이 가장 좋다. 대화 과정에서 새로운 정보를 얻거나 추가 혜택을 받을 수도 있기 때문이다.

오른쪽으로 가야 할지 왼쪽으로 가야 할지 몰라서 안내를 요청했을 뿐인데 목적지까지 데려다주는 일이 생기고, 생판 모르는 사람에게 시간을 물었다가 여행 동반자가 되기도 한다. 물어보는 데 돈이 드는 것도 아니고 혼이 나는 것도 아니다. 잃을 게 없으니 질문하지 않을 이유가 없다.

망설여질 때는 일단 해보기

　2024년 4월, MBC 인기 프로그램 〈나 혼자 산다〉에서 출연자 전현무, 박나래, 이장우가 보디 프로필을 촬영하는 장면이 화제가 됐다. 누구나 감탄을 자아낼 만한 완벽한 몸매와는 거리가 있었지만, 먹는 것을 누구보다 사랑하는 그들의 눈물겨운 노력에 많은 이가 박수를 보냈다.

　옆문 전략은 완벽하게 해낼 것을 요구하지 않는다. 오히려 '일단 한번 해보기'에 가깝다. 보디 프로필을 찍겠다고 결심하고 호기롭게 식단 관리와 운동을 병행하더라도 금세 마음에 드는 몸을 만들 수는 없다. 중요한 건 시도 그 자체다. 몇 주가 됐든 몇 달이 됐든 건강한 음식을 섭취하며 열심히 운동한 결과는 고스란히 몸에 남는다. 비록 '조각 같은 몸매' 만들기는 실패하더라도 그 과정에서 얻은 성취감은 커다란 소득이다. 높았던 혈압이 떨어지거나 불안했던 호르몬 수치가 개선됐을 수도 있다. 결과가 어떻든 시도는 또 하나의 경험치로 쌓인다. 자신 없고 확신 없어도 한번 해보는 게, 겁내고 우물쭈물 망설이며 하지 않는 것보다 훨씬 낫다.

　망설여질 때는 무조건 도전하자. 그게 바로 옆문 전략이다. 성공하지 못하더라도, 실패하더라도 그 과정에서 배우고 성장한다. 그러면서 앞으로 기회가 찾아왔을 때 이를 쟁취할 역량이 차곡차곡 쌓인다. 옆문을 열고자 하는 시도와 노력이 중요한 이유다. 그야말로 밑져봐야 본전이라는 마음으로 힘껏 열어 젖혀 보자. 실패는 경험을, 성공은 성취를 낳는다. 잃을 게 하나도 없다.

문득 모델 출신 배우 배정남이 어느 방송에서 했던 말이 떠오른다. 그의 맛깔 나는 사투리와 어우러지면서 크게 유행했던 말이다.

"Sure, why not?" (물론이지, 안 할 이유가 없잖아?)

왜 옆문을 열어야 하는지, 왜 열지 않으면 손해인지를 설명하는데 이보다 더 좋은 표현이 있을까 싶다.

'현명한 포기'라는
함정에서
벗어나기

어려움에 직면했을 때 많은 이가 도전보다는 포기를 택한다. 새로운 관계를 시작하려다 과거의 상처가 떠올라 뒤로 물러서고, 꿈꾸던 창업을 앞두고 실패에 대한 두려움에 주저하고, 새로운 영역에 도전하는 것이 부담스러워 지금 다니는 직장 혹은 직업에 안주한다. 그럴 수 있다. 문제는 이를 합리적인 선택으로 착각하는 경우다. 실은 상처받기 싫어서, 실패를 마주하기 싫어서, 혹은 도전에 대한 부담감 때문인데도 포기를 시간과 자원을 아끼는 현명한 결정으로 미화한다.

'현명하다'는 말은 '어질고 슬기로워 사리에 밝다'는 뜻으로 지혜롭고 분별력이 있음을 의미한다. 현명한 리더, 현명한 부모, 현명한 행동, 현명한 판단, 현명한 대처, 현명한 투자, 현명한 소비 등 현명하다는 말은 어떤 표현과 결합해도 긍정적인 뉘앙스를 풍긴다. 심지어 '포기', '체념', '후퇴' 등의 단어와 만나도 그렇다. '현명한 포기'라는 말이 괜찮게 들리는 이유다.

하지만 이는 실패에 대한 두려움과 직면한 현실로부터 도피하고자 하는 마음에서 나오는 위험한 자기기만이다. 내면 깊숙이 자리 잡은 불안과 두려움을 교묘하게 포장하면서 우리의 성장과 발전을 가로막는다. 그럴듯한 표현으로 자신의 잠재력을 스스로 제한하는 함정에 빠뜨리고 마는 것이다.

옆문 전략은 이러한 함정에서 우리를 구해내는 강력한 도구이자 해법이다. 난관 앞에서 물러서지 않고 새로운 길을 끈질기게 모색하게 함으로써 '현명한 포기'라는 달콤하지만 치명적인 유혹을 물리친다. 자기 한계를 뛰어넘는 도전을 이어갈 계기를 마련한다.

현명한 포기와 맞선 사람들

세계 최초의 중증 장애인 치과 의사인 분당 서울대병원 이규환 교수의 사례는 이를 잘 보여준다. 대학 시절 다이빙 사고로 전신마비 장애인이 되었을 때, 모든 교수와 동기들이 복학을 만류했다. 하지만 그는 포기하지 않고 학교로 돌아왔다. 각고의 노력으로 학업을 이어갔지만 욕창과 패혈증으로 여러 번 죽을 고비를 넘겼다. 의료진은 당장 수술을 권했지만 다시 휴학하면 복학이 어려울 것 같아 입원을 보류했다. 휠체어에서 앉은 채로 기절할 만큼 극심한 고통 속에서도 기어코 시험을 마친 후에야 수술을 받았다. 손가락 마비가 왔을 때는 아예 진료 기구를 손에 묶고 연습했다. 그렇게 '괴물 손'이 될 때까지 피나는 노력을 멈추지 않았다. 고난은 여기서 끝나지 않는다. 천신만고 끝에 졸업하고 치과 의사가 됐지만, 이번에는 받아주는 병원이 없었다. 100곳이 넘는 크고 작은 병원에서 거절당했다. 끈기 있는 도전 끝에 분당 서울대병원에서 기회를 얻었고, 환자들의 편견을 실력으로 극복하며 마침내 인정받았다.

보통 사람이라면 '현명한 포기'의 유혹에 수백 번은 넘어갔을 것이다. 하지만 이 교수는 끝까지 굴하지 않았다. 정문이 닫힌 정도가 아니라 인생 전체가 무너지는 듯한 좌절 속에서도 '그래, 이 길은 내 길이 아니야' 하며 돌아서지 않았다. 대신 지금까지 시도한 방법 외에 다른 접근법은 없는지, 실력이 부족했던 건 아닌지, 타이밍이 맞지 않았던 건지, 비슷한 상황에 처한 이들은 어떻게 극복했는지 등을 치열하게 살폈다.

어디 이규환 교수뿐일까? 우리에게 잘 알려진 발명가 토머스 에디슨은 어땠는가. 백열전구를 발명하기까지 만 번이 넘는 실패를 경험했다. 만약 그가 9,999번째 실패에서 '현명한 포기'를 택했다면 오늘날 우리는 여전히 캄캄한 어둠 속에서 살고 있을지도 모른다. 헨리 포드의 자동차, 라이트 형제의 비행기, 마르코니의 라디오, 벨의 전화기, 아인슈타인의 상대성 이론도 마찬가지다. 인류 문명을 크게 발전시킨 대부분의 혁신과 이론은, 숱한 실패와 좌절 속에서 탄생했다.

기업 역사에도 이러한 사례는 많다. 현대자동차그룹은 IMF 외환 위기 때 파산 직전까지 갔지만 정주영 명예회장이 개인 재산까지 내놓으며 끝까지 버텼다. 삼성전자 역시 1990년대 초 메모리반도체 사업에서 큰 손실을 봤지만 굴하지 않고 기술 혁신에 매진해 오늘날 세계 최고의 반도체 기업으로 거듭났다.

문학과 예술 분야도 예외는 아니다. 세계에서 가장 부유한 작가가 된 《해리포터》의 J. K. 롤링이 출판사 12곳으로부터 거절당한 일화는 널리 알려진 사실이다. 세계적인 화가 반 고흐는 어떠한가. 평생 가난에 시달리며 생전 단 한 점의 그림만 팔았을 뿐이지만, 오늘날 그의 작품은 최고의 걸작으로 인정받는다. 이들의 삶은 공통적으로 '현명한 포기'와는 거리가 멀다. 외려 미련스럽고, 우둔하고, 무모해 보일 만큼 묵묵히 견디며 도전을 이어갔다. 수없이 맞닥뜨렸을 '현명한 포기'의 유혹을 뿌리치고 우직하게 견뎌냈기에 성공을 이룰 수 있었다.

두꺼운 문은 단숨에 열리지 않는다

'현명한 포기'는 강력한 힘을 갖고 있다. 여기에 기대는 순간 몸과 마음이 편해진다. 심지어 현명하다는 표현은 포기를 합리적이고 이성적인 행위로 포장한다. 이런 식의 자기 합리화는 중독성이 강해서 한번 시작하면 빠져나오기 힘들다.

이는 SBS 예능 프로그램인 〈런닝맨〉 게임에서 초반에 이름표를 뜯기는 상황과 유사하다. 탈락자는 더는 게임에 참여할 수 없다. 당연히 보상도 받을 수 없지만 숨 가쁜 추격전에서 벗어나 편안한 '감옥'에서 맛있는 간식을 즐기며 휴식을 취할 수 있다. 이럴 때 느끼는 안도감이나 쾌감은 건강에 해로운 술이나 마약처럼 중독성이 강하다.

현명한 포기에는 이런 편안함에 눈을 가리는 화장술까지 더해진다. 꽃도, 벌레도, 버섯도 화려하고 아름다운 것이 가장 위험한 법인데 포기하는 쪽이 더 매혹적으로 다가오는 것이다. 하지만 그 순간이 지나면 결국 공허가 찾아오고 이런 일이 반복되다 보면 아무것도 얻지 못한다. '현명한 포기'는 당장의 손실을 최소화하는 합리적 선택처럼 보이지만, 장기적으로는 더 큰 기회와 가능성을 날려버리는 잘못된 선택이다.

　인생은 크고 작은 선택의 순간들로 이루어지며 현명한 포기 유혹은 곳곳에 존재한다. 학업, 직장, 사업, 인간관계 등 삶의 모든 영역에서 우리는 끊임없이 '포기할 것인가, 계속할 것인가'의 기로에 선다. 일이 계획대로 흘러가지 않으면 '이쯤에서 포기하는 게 더 낫지 않을까?' 하는 생각이 찾아든다. 이를 더 큰 손실을 막기 위한 '현명한 선택'이라고 스스로를 설득하고 싶어진다.

　그럴수록 옆문 전략을 떠올려야 한다. 정문이 닫혔을 때, 예상보다 견고해 쉽게 열리지 않을 때, '현명한' 척 포기하거나 달아나지 말자. 대신, 옆문 전략을 통해 새로운 기회를 모색하자. 옆문 전략은 대안을 제시함으로써 올바른 선택의 여지를 주고 어떤 선택이 진정한 성장과 발전을 위한 것인지 끊임없이 자문하게 한다. 이를 통해, 즉 적극적으로 옆문을 찾으며 우리는 자연스럽게 '현명한 포기'의 함정에서 벗어나게 된다. 당장은 답답하고 막막할 수 있다. 하지만 옆문 전략으로 '현명한 도전'을 멈추지 않는다면 결국 길은 열리게 되어 있다. 관건은 포기하지 않고 계속 시도하는 인내와 끈기 그 자체에 있다. '괜찮은' 기회란 그렇게 쉽게, 단숨에 얻어지지 않는다.

　인생에서 정문이 닫힐 때마다, 그 순간을 현명한 포기의 기회로 삼지 말고 옆문을 찾는 새로운 도전의 시작점으로 삼아 보는 건 어떨까. 아무리 그럴듯한 미사여구로 포장해도 포기는 결코 현명한 선택이 될 수 없다. 어려움을 피하기보다는 끝까지 도전하며 옆문을 찾는 그 한 걸음 한 걸음이 예상치 못한 기회와 성장으로 이어진다. 그것이야말로 진정한 의미의 '현명한 선택'이 아닐까.

옆문 전략의
눈덩이
효과

사소해 보이는 무언가가 예상을 뛰어넘는 큰 변화나 결과로 이어지는 현상을 '눈덩이 효과Snowball Effect'라고 부른다. 이 표현은 투자의 귀재 워런 버핏이 자신의 복리 투자 방식을 비유한 것으로, 그의 공식 자서전 제목이기도 하다. 눈덩이가 굴러가면서 주변의 눈을 끌어들여 순식간에 몸집을 불리듯, 우리 삶도 보잘것없고 큰 의미 없어 보이는 행동 또는 선택이 누적되어 상상 이상의 변화를 만들어낸다. 옆문 전략은 이처럼 작은 시작의 잠재력을 제대로 인식하고 활용한다.

옆문 전략은 닫힌 정문 앞에서 체념하지 않고 작고 미미해 보이는 기회, 즉 옆문을 포착한다. 처음에는 희미한 빛줄기처럼 보잘것없어 보일 수 있다. 하지만 끈기 있게 좇다 보면, 영향력은 눈덩이처럼 불어나 삶에 의미 있는 전환점을 만들어낸다.

물물 교환이 장터가 되기까지

한때 베트남에서 생활한 적이 있다. 당시 집 안은 잡다한 물건들로 넘쳐났었다. 컴퓨터 모니터, 구형 PC 본체, 족욕기, 마사지기 등 야금야금 들여놓은 짐 때문에 그러지 않아도 좁은 집이 점점 발 디딜 틈도 없게 변해갔다. 짐을 늘리지 않으려고 갖은 애를 썼지만 소용없었다. 지금이라면 온라인 중고 거래로 처분했을 테지만 그땐 그럴만한 플랫폼이 없었다. 어떻게 해야 하나 고민하다가 '옆문'을 찾기로 했다. 우선 되는대로 아파트 내에서 물물 교환을 했다. 소형 운동 기구나 골프채, 철 지난 옷가지 등이 주 품목이었다. 이상한 일은 그 후부터 생겼다. 한 번 하고 말 줄 알았는데 함께하고 싶다는 이들이 늘은 것이다.

로비 구석에서 30분 남짓 열렸던 작은 행사는 회를 거듭하면서 베트남 현지인들도 참여하는 정기 장터가 됐다. 나중에는 규모가 커져서 아예 호텔 연회장을 대여해 진행했다. 운영진이 구성됐고, 판매와 행사 운영, 입장객 관리 등 업무도 세분화·체계화됐다. 입소문을 타면서 행사는 항상 문전성시를 이뤘다. 입장을 위해 한두 시간씩 줄을 서서 기다리는 일이 많아졌다.

행사를 주도하면서 대단한 금전적 이익이나 성과를 낸 건 아니다. 하지만 가볍게 시작했던 일이 또 다른 기회를 만나 시너지 효과를 내면서, 처음에는 기대도 안 했던 결과를 낳았다. 베트남에서는 구하기 힘든 책이나 화장품, 옷, 가방, 신발, 육아용품, 스포츠용품 등을 저렴한 가격에 살 수 있는 유일하고 특별한 곳이 된 것이다. 1만 동(한화 약 500원), 2만 동(한화 약 1,000원)짜리 물건을 사면서 장터를 열어줘서 고맙다며 10만 동(한화 약 5,000원)어치 과일이나 선물을 놓고 가는 사람이 있을 만큼 인기가 좋았다. 다른 대규모 아파트에서 위탁 운영을 의뢰하기도 했다. 현지 중소 업체의 업무 제휴 제의도 있었다. 어지러운 집을 정리하자는 마음으로 시작했던 나로선 예상치 못한 성취이자 보람이 아닐 수 없었다.

생각도 못 했던 동아줄

이번에는 해외에서 만난 친구 이야기를 해야겠다.

미국에서 아야Aya(가명)를 처음 만난 건 토익 시험장 앞이었다. 당시는 코로나19 팬데믹 시절이라 각기 정해진 시간에 도착해 차례로 시험에 응시했다. 연보라색 히잡에 보건용 마스크,

거기에 의료용 페이스 커버까지 하고 나타난 그녀는 단연 눈에 띄었다. 간단한 아랍어로 인사를 건네니 그녀가 깜짝 놀랐다. 무척 친한 친구 한 명이 레바논 사람이라고 했더니 매우 신기해하며 반가워했다. 시험을 치고 나와 이런저런 얘기를 나누면서 그녀가 이집트에서 잘나가던 내과 전문의였다는 것과 자녀 교육을 위해 의사 생활을 포기하고 미국으로 건너온 지 얼마 되지 않았다는 것을 알게 됐다.

나는 간섭을 싫어하는 편이다. 남들이 내 일에 관여하는 것을 좋아하지 않기 때문에 나 역시 남의 일에 잘 나서지 않는다. 그런데 아야를 보니 측은한 마음이 들었다. 그녀의 커리어와 능력이 너무 아깝게 느껴졌다. 서른 중반인 그녀는 대학을 졸업하기도 전에 결혼해서 큰아들이 벌써 초등학교 6학년이었다. 주변에서 뜯어말리는데도 아이들을 남의 손에 맡길 수 없다며 외교부를 떠났던 예전의 내 모습을 보는 것 같기도 했다.

헌신적인 아내이자 엄마였던 아야는 요리를 잘하는 다정한 친구였다. 내가 바클라바Baklava, 중동 대표 디저트를 좋아한다고 했더니 바로 다음 날 손수 만들어 갖다주었고, 자기 집에 초대해 근사한 이집트 음식을 직접 요리해주기도 했다. 고마운 마음에 나도 마음을 담은 선물을 준비했다. 푸른빛이 도는 실크 히잡과 책 한 권이었다. 《USMLEUS Medical Licensing Exams》라는 미국 의료 면허 수험서였는데 선물을 받아 든 그녀는 어쩔 줄 몰라 했다. 가족을 위해 기꺼이 의사라는 직업을 내려놓았고 그 결정에 일말의 후회도 없다면서 마음만은 고맙게 받겠다고 했다. 얼마 후 여름, 그녀가 흉부외과 전문의인 남편을 따라 미네소타로 떠날 때까지 누구도 그 책 얘기를 꺼내지 않았다.

그녀가 휴스턴을 떠난 후로는 각자 바빠 연락을 자주 하진 못했다. 가끔 안부를 주고받을 뿐이었다. 그러던 어느 날 그녀에게서 전화가 왔다. USMLE에 통과했다는 소식이었다. 사연은 이랬다. 집안일에 매달리면서 경제 활동을 하지 않는 기간이 길어지면서 자격지심이 생겼고, 병원 일에 바쁜 남편과 사춘기에 접어든 아들과의 충돌도 잦아졌다고 했다. 남편은 아야가 미국에서 다시 일을 시작하는 걸 반대하는 입장이었다. 남편에게 들킬까 봐 새벽에 몰래 인터넷 강의를 듣고 책과 노트는 집안일을 전혀 하지 않는 남편이 열어볼 일 없는 세탁기에 숨겼다고 했다.

그녀의 이야기를 내 책에 써도 괜찮을지 동의를 구하려고 연락했다가 놀라운 소식을 들었다. 의사가 된 그녀가 인턴 생활로 한창 바쁠 때 남편이 동료 의사와 부적절한 관계를 가졌다는 이야기였다. 그녀의 남편은 그걸로도 모자라 상대 여자를 둘째 부인 삼을 테니 다 함께 모여 살자는 황당한 제안을 했단다. 이집트를 포함한 일부 중동 국가에서는 아직 일부다처제가 허용된다. 하지만 그녀는 단박에 거절하고 현재 이혼 소송 중이라고 했다. 만약 아야가 다시 의사가 되기로 결심하지 않았더라면 어땠을까. 그녀는 그때 자기가 그런 선택을 하지 않았다면 남편의 외도 사실에 하늘이 무너졌을 테고, 지금처럼 경제적 능력을 갖추지 못했을 것이니 이혼은커녕 남편의 굴욕적인 요구를 받아들일 수밖에 없었을 거라며 고마움을 표했다. 몇 년 전 내가 건넸던 책 한 권이 다행스럽게도, 그리고 감격스럽게도 그녀의 인생을 완전히 바꾸는 계기가 됐다.

꾸준히 준비해야 옆문이 보인다

《누구도 나를 파괴할 수 없다Can't Hurt Me》의 저자 데이비드 고긴스David Goggins는 미 해군 출신 마라톤, 사이클, 트라이애슬론(철인 3종 경기) 선수다. 유년 시절 불우했던 가정환경을 극복하고 자신의 한계를 이겨내는 모습으로 많은 이에게 영감을 주고 있는 그는 단 3개월 만에 무려 106파운드, 약 48kg을 감량했다. 이 어마어마한 결과는 2.5파운드, 즉 1kg 감량이라는 작은 목표에서 시작되었다. 당연한 말이지만, 작은 목표 먼저 성공해야 긍정적인 자극을 받아 동기 부여가 된다. 그로 인해 지속할 에너지가 생겨야 30kg든 48kg든 감량할 수 있다.

마찬가지로 하루 이틀 밤새워 공부한다고 전교 1등이 보장될 리 만무하고, 며칠 잠 안 자고 요리를 배운다 해서 곧바로 유명한 셰프가 될 수는 없다. 하지만 하루 1시간만이라도 집중해서 공부하고, 하루 30분씩만이라도 꾸준하게 요리 연습을 하면 분명히 성적 향상의 토대를 마련하고 요리 실력 발전을 위한 기본기를 갖출 수 있다.

우리 주변에는 여전히 **"인생은 한 방!"**이라고 외치며 그릇된 선택과 행동을 주도하는 이들이 존재한다. 꾸준히 운동해서 살을 빼기보다는 알약 한두 알로 뱃살, 등살, 허벅지 살이 마법처럼 쏙 빠지길 기대한다. 적은 금액이라도 꾸준히 모아 이자 수익을 얻기보다 충분한 공부나 준비 없이 주식이나 가상 화폐 투자에 자산을 몰아넣은 다음 그중 한 개라도 '잭팟'이 터지길 바란다. 하지만 제아무리 천부적인 언어 능력을 타고난 아이라도 날 때부터 완벽한 문장을 구사하지는 못한다. 태어나서 지금까지 벌어들인 돈이 하루 평균 350만 달러(한화 약 46억)라는 투자의 귀재 워런 버핏도 첫 투자 수익률은 기대에 미치지 못했다.

물방울이 바위에 부딪히기 시작할 때는 아무도 그것이 거대한 협곡을 만들어낼 것이라고 상상하지 못한다. 하지만 시간이 지나면서 그 작은 물방울들이 끊임없이 바위를 깎아내고, 결국에는 웅장한 자연의 걸작을 만들어낸다. 이처럼 우리는 종종 크고 완벽한 기회를 고대하지만, 정작 삶을 변화시키는 건 평소 지나치기 쉬운 작은 기회들일지 모른다. 우리가 무심코 지나친 작은 선택이 인생의 방향을 바꾸는 전환점이 될 수 있다. 사소해 보이는 기회나 가능성을 얕보지 말자. 거대한 아름드리 나무도 그 시작은 작은 씨앗이었음을 항상 기억하자.

우연히 포착한
인생 역전의
기회

무슨 일이든 단번에 큰 성과를 내기는 어렵다. 유럽과 중동 지역 대부분의 땅을 정복했던 로마도 처음부터 역사 속에 길이 남을 거대한 제국을 건설했던 건 아니다. 아무리 대단하고 멋지고 화려한 것이라 하더라도 그 시작은 대체로 작고 사소하다. 밥 한 숟갈 먹고 배가 부르진 않듯이 말이다.

그런데 때때로 '첫술에 배부른' 일이 생기기도 한다. 이런 일은 마치 행운처럼 다가온다. 우연히 열게 된 옆문 하나가 인생 역전의 계기가 되듯이 말이다. 친구 오디션에 따라갔다가 정작 친구는 탈락하고 본인이 캐스팅된 연예인 이야기를 들어보았을 것이다. 원수 같던 이들이 갑자기 사랑에 빠지거나 뜻밖의 장소에서 예상치 못한 투자를 받아 사업에 성공하는 경우까지, 세상엔 드라마보다 더 드라마틱한 일이 정말 많다. 예전에도, 지금도, 앞으로도 어디서든 계속 일어나고 마주할 '우연', 나는 이것을 '옆문'이라 부른다.

'우연'은 '필연'의 반대 개념으로 대개 예상하지 못한 일을 가리킨다. 우연은 누구에게나 공평하게 또는 동일하게 발생하지 않는다. 매번 같은 모습으로 나타나지 않고, 언제 나타날지도 알 수 없다. 사전에 예측·설계·계획할 수 없다는 점, 하지만 뜻밖의 성과나 변화를 가져온다는 점이 옆문과 똑 닮았다.

옆문 전략은 예상치 못한 순간에 나타나는 작은 기회들을 놓치지 않고 그것을 통해 인생의 새로운 장을 열게 해준다. 단순히 운에 모든 것을 맡기라는 뜻이 아니다. 오히려 일상의 모든 순간에 깨어 있고, 사소해 보이는 일에도 진심을 다하면서, 기회를 포착하는 민감성을 기르라는 의미다. 우연은 누구에게나 찾아온다. 하지만 그것을 인생 역전의 기회로 만드는 것은 나의 몫이다. 예상치 못한 상황을 두려워하거나 피하지 말고 그 속에서 숨겨진 가능성을 발견하고 활용하는 법을 배워야 하는 이유다.

우연이란 열차의 새로운 도착지

2024년 파리올림픽에서 사격 여자 10m 공기권총 부문 은메달을 수상한 김예지 선수를 보자. 김 선수는 자신의 주 종목에서 결선 진출에 실패했지만 파리올림픽이 배출한 최고 스타로 등극했다. 그녀의 인생을 바꾼 '옆문'은 올림픽 몇 달 전, 아제르바이잔 바쿠에서 개최된 국제사격연맹ISSF 월드컵에서 열렸다. 세계 신기록을 갱신한 그녀의 압도적인 기량도 놀라웠지만 더욱 주목받은 것은 그녀의 독특한 태도였다. 금메달을 확정 짓고도 무표정하게 남은 경기에 집중하는 모습이 전 세계의 이목을 사로잡았다. 특히 테슬라의 CEO 일론 머스크가 그녀를 '액션 영화의 주인공 감'이라고 언급한 것이 화제가 되면서, 김 선수는 올림픽 금메달리스트들보다 더 큰 관심을 받았다. 세계 신기록을 세우는 짜릿한 순간에도 묵묵히 한 발, 한 발에 집중했던 그녀의 진지한 태도와 진정성이, 세계적인 기업 CEO의 눈에 드는 우연과 만나 놀라운 결과를 낳았다. 비인기 종목 선수가 하루아침에 세계적인 명품 브랜드 루이 비통의 모델로 발탁되는, 영화보다 더 영화 같은 인생 역전이 현실에서 펼쳐진 것이다.

이처럼 예상치 못한 우연은 다양한 형태로 우리 삶에 영향을 미친다. 발생 빈도가 적지 않다 보니 이를 설명하고 해석하려는 흥미로운 '법칙'들도 많다. '샐리의 법칙Sally's law'은 연속해서 좋은 일만 생기거나, 설사 나빠 보이는 일이 발생해도 결국은 전화위복이 되는 경우를 일컫는다. 반대 의미를 가진 '머피의 법칙Murphy's law'도 있다. 오랜만에 날씨가 좋아 세차를 했더니 하필 예보에도 없던 비가 쏟아지거나, 가뜩이나 늦었는데 엘리베이터가 층마다 멈추는 등 무슨 일을 해도 잘 풀리지 않고 계속 꼬이는 상황을 설명할 때 사용한다. '줄리의 법칙Jully's law'은 성공이나 행운이 인간의 간절한 바람과 강력한 의지에서 비롯된다고 본다. 브라질 작가 파울루 코엘류의 소설《연금술사》에 나오는 구절, **"자네가 무언가를 간절히 원하면 온 우주가 그 소망이 이루어지도록 도울 걸세. 누구나 간절히 원하면 이루어진다는 이 지구의 위대한 진리 때문이야"**는 이 법칙을 잘 표현하고 있다. 목표를 향해 끊임없이 노력할 때 예상치 못한 일이 발생해 결국 원하는 바를 이룰 가능성이 커진다는 의미를 담고 있다.

우연한 기회를 포착하는 용기

이러한 법칙들은 우리 삶에서 우연이 어떻게 작용하는지를 다양한 각도에서 보여준다. 각기 다른 관점에서 바라보지만 모두 '우연'이라는 공통된 매개체를 중요하게 본다는 점이 흥미롭다. 심지어 인간의 의지를 강조하는 '줄리의 법칙'조차도, 일의 진행 과정에서 예상치 못한 '우연'이 개입할 수 있음을 인정한다.

2022년 4월 어느 늦은 오후, 노릇노릇 구워진 고기가 테이블 위에 놓였다. 부활절을 기념하여 드넓은 농장에 뿌려진 수백 개의 달걀을 줍느라 땀을 뻘뻘 흘리던 아이들도 어느새 아기새처럼 입을 벌리고 앉았다. 그런데 유독 한 친구가 진동하는 고기 냄새에도 꿈쩍하지 않고 뭔가에 열중하고 있었다. 뉴욕 현대미술관에 전시된 작품이라고 해도 전혀 이상하지 않을, 상당한 수준의 그림 작업을 하고 있었다. 의외의 실력에 깜짝 놀란 건 나만이 아니었다. 함께 있던 모임의 호스트가 말했다.

"너, 뉴욕 가서 제대로 배워보는 게 어때?"

고등학교 졸업을 앞두고 있었지만 진로에 확신이 없던 해린이는 한때 미술을 전공하고 싶었지만 꿈을 접었다. 피아노를 가르치며 혼자 두 아이를 키우는 어머니에게 부담을 주고 싶지 않아서였다. 대신 해린이는 '옆문'을 선택했다. 그림 이외에도 춤, 패션, 메이크업 등에 관심이 많던 해린이는 틱톡, 인스타그램 등 소셜 미디어에서 자신의 끼를 발산했고 그 결과 팔로워가 무려 80만 명이 넘는 인플루언서가 되었다. 그러자 여기저기서 광고 제안이 들어왔다. 이제 해린이가 입고, 신고, 쓰는 것 대부분이 협찬 상품이다. 그러던 어느 날, 끼니까지 거르며 무섭게 그림에 몰두하는 모습이 우연히 영향력 있는 한 사람(바로 글로벌 푸드 기업 스노우폭스의 김승호 회장이다)의 눈에 띄었던 것이다.

하늘이 온통 주홍빛으로 물들던 부활절 저녁, 그녀의 인생 궤도가 완전히 바뀌었다. 몇 개월 후, 그녀는 세계적인 명문 패션스쿨로 평가받는 뉴욕 패션공과대학교Fashion Institute of Technology(이하 FIT)와 파슨스 디자인스쿨Parsons School of Design(이하 파슨스)에서 수업을 들었다. 수많은 예술가와 유명 디자이너를 배출하고 예술계에서 막강한 영향력을 가지는 이들 학교에서의 짧지만 강렬했던 경험은, 그녀에게 전에 없던 삶의 목표를 갖게 했다. 이제 뉴욕이 아닌 다른 곳에서의 삶은 상상조차 하기 싫어졌다. 휴스턴으로 돌아온 그녀는 미술학원과 집, 아르바이트 장소를 오가며 자기 힘으로 뉴욕에 가려고 부단히 애썼다. 2023년 3월, 지원했던 대학 세 곳 모두에서 합격 통지를 받았고 그중 두 학교로부터는 장학금 제안까지 받았다. 불과 1년 전만 해도 상상 못 한 일이었다.

전 세계 패션업계 지망생들이 선망하는 FIT이나 파슨스에 입학하려면 어릴 때부터 철저한 준비가 필요하다. 다양한 대회에 참가해 수상 경력을 쌓아야 하는 것은 물론이고 학교 성적 관리도 매우 중요하다. 오랜 시간 상당한 비용을 투자해 공을 들인다 해도, 콧대 높은 명문 학교의 정문은 열릴까 말까다. 미술에 재능은 있었지만 패션 스쿨 진학은 꿈조차 꾸지 않았던 해린에게 김승호 회장의 제안은 생각의 지진을 일으키는 기회였다. 하지만 그 특별한 기회가 저절로 현실이 된 것은 아니다. 해린이는 망설임 없이 낯선 도전을 선택했고, 그 선택을 현실로 만들기 위해 익숙한 곳을 떠나 한 번도 상상해보지 않은 환경에서 부단히 노력했다. 해린이가 지금 FIT에서 자신의 끼와 잠재력을 마음껏 펼치며 멋지게 성장하고 있는 건, 우연히 찾아온 기회를 놓치지 않은 그녀의 용기와 실천 덕분이다.

　뜻하지 않은 모든 상황, 즉 '우연'은 스트레스를 유발하기도 한다. 성격유형검사 MBTI에서 철저한 사전 계획을 무엇보다 중시한다는 'J' 유형에 해당하는 나 같은 사람에겐 특히 그렇다. 하지만 우연이 누구에게, 언제, 어디서, 어떻게 찾아올지 모른다. '샐리'가 올지, '머피'가 올지, '줄리'가 올지, 알 방법이 없다. 변화무쌍한 모습을 가진 우연이 찾아올 때를 준비해야 한다. 계획대로 되지 않아 일을 망쳤다며 화부터 내서는 얻을 게 없다. 대신 인간의 의지로 제어할 수 없는 우연을 선물이나 기회로 받아들이면 어떨까. 피할 수 없는 돌발 상황을 선물로 인식하는 사람과 방해물, 스트레스 원인으로 여기는 사람 중 누가 더 좋은 기회를 많이 취할지, 더 성장할지는 굳이 설명할 필요가 없다.

첫술에도 배부를 수 있고 우연히 연 작은 옆문 하나가 큰 성과로 이어질 수 있다는 나의 주장은, 로또 같은 행운을 잡아서 성공하자는 뜻이 결코 아니다. 작고 사소해 보이는 일이라도, 해본 적 없어 자신 없는 일이라도, 심지어 하기 싫은 일이라도 감사하는 마음으로 진심을 다하면 큰 성과나 변화로 만들어낼 수 있다는 이야기다. 우연은 힘이 세다. 나비의 작은 날갯짓이 멀리 떨어진 장소에 폭풍을 일으키듯이 말이다.

"우연은 강력하다. 항상 낚싯바늘을 던져둬라. 전혀 기대하지 않는 곳에 물고기가 있다."

고대 로마 시인 오비디우스의 말을 기억하자.

3장

메이킹 열문
오프너의
탄생

"문제를 해결하는 방법은
하나가 아니다."

장영실(조선시대 과학자)

꼼수가 아닌
창의적인
도전

옆문 전략은 창의적이고 효과적인 문제 해결 방식이다. 요령이 나 꾀를 부리다 어쩌다 한 번 '얻어걸리는' 방식도, 꼼수나 샛길 이나 불법도 아니다. 그러나 '옆'에 대한 부정적 인식이 우리 일 상생활과 언어에 깊숙이 자리하다 보니 옆문 전략을 주저하거 나 꺼리는 경향이 있다.

'곁눈질'이라는 단어가 있다. '얼굴은 돌리지 않고 눈알만 옆 으로 굴려서 보는 눈'이라는 뜻의 '곁눈'에 접미사 '-질'이 결 합된 형태다. 이 단어의 옛말인 '겻눈질'은 무려 19세기 문헌에 서부터 등장했다고 하는데, 주목할 점은 '-질'이라는 접미사다. 이는 삿대질, 지적질, 고자질처럼 주로 어떠한 행위를 비하할 때 사용된다. '옆'이라는 개념에 부정적인 인식이 오래전부터 있었음을 알 수 있다.

어려운 문제에 직면했을 때, 정문이 굳게 닫혔을 때, 옆문은 분명 새로운 가능성과 기회의 길을 열어준다. 때에 따라서는 유일한 해법이 되기도 한다. 하지만 '옆'에 대한 뿌리 깊은 편견은 이를 활용하기는커녕 경계하고 멀리해야 할 대상으로 여기게 만든다. 긴 시간 동안 우리의 언어와 문화 속에 녹아든 선입견 탓이다. 이 때문에 눈앞에 뻔히 보이는, 고맙게도 코앞까지 찾아온 좋은 기회를 걷어차는 일은 참으로 아쉽고 안타깝다.

옆문 오프너에게 흔히 붙는 오해

옆문을 알아보는 일은 그만큼 어렵다. 이 글을 쓰는 나 역시 확신이 없던 때가 있었다. 최근까지도 그랬다. 법을 어긴 것도 아니고 남에게 피해를 준 것도 아닌데, 옆문이다 싶으면 어딘가 모르게 찜찜한 기분이 들었다. 떳떳하지 못할 이유가 하나도 없는데 공연히 눈치를 보았다. 비슷한 상황에서 다른 이들은 못 여는 문을 나만 수월하게 여는 일이 잦아지면서, 신이 나기는커녕 오히려 위축되었다. 혹시 얕은수를 쓴 건 아닐까? 정정당당하지 않았나? 하는 생각마저 들었다. 남들이 안 된다, 어렵다고 하는 일을 해내고도 마음 한구석이 개운치 않은 느낌을 지울 수 없었다.

많은 이가 내게 '운이 좋은 사람'이라고 한다. 사실 스스로도 그런 생각이 들 때가 많아 매사에 감사하는 마음이 든다. 하지만 시샘하는 이들도 없지는 않아서, 내가 어떤 문제를 해결했을 때 이를 삐딱하게 보는 사람들도 있었다. 도와주었는데도 고마워하기는커녕 내가 말주변이 좋고 영어를 잘해서 수월하게 일을 해결했다는 식으로 말할 때는 칭찬의 탈을 쓴 비아냥처럼 들려 달갑지 않았다. 기분이 상했지만, 속 시원하게 반박하거나 또렷하게 설명할 방법이 없었다.

그러던 중 내 문제 해결 방식에 관심을 보여준 사람이 나타났다. 난감하거나 불편한 상황을 수동적으로 받아들이지 않고 돌아가든, 넘어가든, 뚫고 가든, 어떻게든 해결하는 모습이 인상적이라고 했다. 그러면서 문제 상황에 대한 내 접근법과 행동 패턴에 '옆문 전략'이라는 이름을 붙여주었다. 또 나의 옆문 전략을 다른 사람들에게도 알려줄 수 있을 거라며 책을 써보라고 제안했다. 다름 아닌 베스트셀러 《돈의 속성》의 저자 김승호 회장이다.

내가 남들보다 문제 해결 빈도가 높았던 건 외국어를 잘해서도 운이 좋아서도 아니었다. 만약 비결이랄 게 있다면, 다양한 문화와 환경에서 수많은 문제 상황을 해결하면서 '옆'에 대한 오해나 편견에서 비교적 자유로웠다는 점이다. 거기에 문제가 풀리지 않을 때 망설임 없이 옆문을 통해 돌파구를 마련한 경험이 반복되고 축적된 덕분일 것이다.

억지가 아닌 새로운 제안

2021년 가을 무렵 나는 미국 내에서 이사를 했다. 미국에 도착하자마자 시내 중심지에 집을 하나 구했는데 지내다 보니 좀 더 넓은 공간이 필요했다. 그런데 조건에 맞는 집을 구하기가 쉽지 않았다. 크기가 마음에 들면 너무 낡았고 시설이 마음에 들면 가격이 터무니없이 높았다. 그러던 중 괜찮은 집 하나가 눈에 띄었다. 곧바로 가서 집구경을 요청했더니 매니저가 깜짝 놀라며 어떻게 그 매물을 알게 됐냐고 물었다. 알고 보니, 그 집은 이미 사용자가 있었다. 회사 임원용 숙소로 쓰는 집이었는데, 갓 입사한 직원이 이를 깜빡하고 실수로 내놓은 것이었다. 잘못된 매물이었지만 어쨌든 그걸 본 고객이 시간과 기름값을 들여 도착한 상황이라 집을 보여주지 않을 수 없는 노릇이었다.

해당 주택은 위치도 좋고, 크기도 적당했으며 무엇보다도 내가 가진 예산 범위와도 잘 맞았다. 그만한 조건의 아파트를 다시 찾긴 어려울 것 같아서 매니저에게 한 가지 제안(무릎만 안 꿇었지 읍소고 부탁이었다)을 했다. 어렵게 찾은 정문이 닫히려는 순간 옆문을 찾은 것이다. 1년에 한두 번 올까 말까 하는 임원을 위해 멀쩡한 집을 비워두는 것보다 믿을 만한 세입자에게 넘기는 게 회사는 물론 매니저 본인 실적 면에서도 유리하지 않겠느냐고 설득했다. 덧붙여 임원이 출장을 나와 머물러야 할 곳이 필요해지면 그때 다른 곳에 숙박을 하고 그 비용의 절반은 내가 부담하겠다고 제안했다. 그리고 한 달 후, 나는 그 집으로 이사했다. 이후로 그 회사 임원이 출장을 나왔는지는 알 수 없다. 하지만 계약 기간 동안 청구된 호텔 비용은 단 1달러도 없었다.

편법을 쓴 것도, 꼼수를 부린 것도 아니었다. 회사 방침을 어긴 것도 아니었고 불법을 저지른 것은 더더욱 아니었다. 단지 전례 없는 새로운 제안을 했을 뿐이다. 아무도 요청하지 않아 논의조차 되지 않았던, 면밀히 검토해보니 모두에게 이로운 선택지를 만들어낸 것이다. 이는 마치 호텔 뷔페 요리사에게 취향에 맞는 오믈렛을 요청하는 것과 같다. 진열된 음식만 먹을 수도 있지만, 자신이 원하는 오믈렛이나 쌀국수를 요청한다고 해서 부적절한 행동으로 여겨지거나 비난받지는 않는다. 옆문 전략도 이와 같다. 규정에 어긋나거나 억지를 부리는 것이 아닌 이상, 새로운 제안은 오히려 장려되어야 할 행동이다.

　이러한 접근법의 탁월한 사례로 영국의 해릭스그룹Harrix Group이 펼친 광고 캠페인을 들 수 있다. 영국에서는 정부 허가 없이 공공장소에 광고물을 부착하는 행위가 불법이다. 그런데 이 회사는 독특한 방식으로 접근했다. 보도블록이나 인도에 글자나 그림 모양으로 구멍을 뚫어 만든 형판(스텐실)을 놓고, 그 위로 고압 세척기를 쏘아 해당 부분의 묵은 때만 선별적으로 제거하는 방식으로 광고 문구를 새겼다. 주변 바닥의 때는 그대로 둔 채 특정 부분만 깨끗이 씻어내 대비를 이루게 함으로써 메시지가 드러나게 한 것이다. 영국 최대 맥주 축제 GBBFGreat British Beer Festival 홍보 때는 "**Fancy a pint?**(맥주 한 잔 하실래요?)"라는 문구를 이런 방식으로 새겼다. 엄밀히 말해 이는 광고물 '부착'이 아니었기에 법적 제재를 피할 수 있었다. 게다가 환경을 해치지 않고 시간이 지나면 자연스럽게 사라져 영구적인 흔적도 남기지 않는다는 점에서 전통적인 그래피티의 대안으로도 주목받았다. 이처럼 기발하고 참신한 방법으로 그들은 비용을 절감하고 대중의 이목도 사로잡았다. 도시 곳곳에 등장한 광고는 SNS를 통해 화제가 되며 입소문이 퍼졌고,

예상을 뛰어넘는 홍보 효과를 거두었다. 규제를 어기지 않으면서도 창의성을 발휘해 원하는 것 이상을 달성한, 매우 영리한 전략이었다.

정문을 향하되 주변시야계를 열어 두자

옆문을 열 때는 쭈뼛쭈뼛 주저하거나 찜찜해할 필요가 없다. 옆문 전략은 요령이나 꾀를 내는 게 아니다. 불편한 상황을 개선하고 모두에게 이익이 되는 방법을 찾아내는 창의적인 문제 해결책이다. 그러므로 떳떳하고 자랑스럽게 여겨도 된다. 옆문 전략에 능한 이들은 그저 억세게 운 좋은 사람이 아니다. 참신한 아이디어와 과감한 실행력을 갖춘 유능한 전략가이고, 주어진 상황에 안주하지 않고 '옆'이라는 잠재적 가능성을 끊임없이 모색해 상대를 설득하는 뛰어난 협상가이다.

목표나 목적지에 도달하는 데는 대개 최선의, 최적의, 최단 경로가 존재한다. 비행기나 배 항로와 마찬가지로, 우리 삶에도 가장 효율적이라고 여겨지는 길이 있다. 이런 '정문'을 항상 이용할 수 있다면 그게 최선이고 최고다. 넓고 곧게 뻗은 대로가 있는데 굽이굽이 산길로 고생해서 돌아갈 이유가 전혀 없다. 예컨대 인천에서 뉴욕까지 직항 비행기가 있는데 굳이 홍콩이나 일본을 경유할 필요는 없다는 뜻이다. 그런데 만약 직항기 비용이 부담스럽거나, 폭설이나 화산 폭발 등 자연재해로 해당 구간 운항이 일시 정지되었다면 어쩔 텐가? 이때 비행기 운항이 정상적으로 재개되기를 하염없이 기다리는 것이 정문 전략에 해당한다. 다음 주에 가든 다음 달에 가든 상관없다면, 시간적 여유가 있다면 그렇게 하면 된다. 늘 하던 방식대로 익숙한 방법으로 하는 것, 그게 가장 쉽고 편하다.

하지만 가족이 사고를 당했거나 미룰 수 없는 중요한 계약을 위해 한시가 급한 상황이라면? 일단 인천에서 댈러스든 애틀랜타든 가서 미국 국내선을 이용해 뉴욕으로 이동하는 방법이 있겠다. 보스턴행 비행기를 타고 가서 밤 기차나 버스로 뉴욕으로 갈 수도 있다. 어떻게든 '우회'해서라도 목적지로 가는 방법을 마련해야 한다. 평소 '앞'을 보고 전진하되, '옆'을 향한 시야도 넓혀놓는 것이 중요한 이유다.

블링커blinker는 주로 경주마에게 씌우는 눈가리개로, 말이 다른 것에 시선을 빼앗기지 않고 오직 앞만 보고 달리게 만드는 장치다. 이처럼 앞만 보고 달리면 효율적이지만, 문제 상황에서는 선택지를 두루 살펴볼 시야가 없다. 이는 말에만 해당하는 일이 아니다. 사람 역시 오랜 세월 동안 의식적이든 무의식적이든 고정관념이란 눈가리개를 쓰고 살기 때문이다.

이제 관행적으로 혹은 타의로 썼던 눈가리개를 벗어 던지고 확 트인 시야로 세상을 바라보자. '옆'에 대한 편견과 오해에서 벗어나면 앞만 보고 내달릴 때는 보이지 않았던 기회를 발견할 수 있다. 우리 인생의 새로운 장을 열어줄 황금 열쇠를 손에 넣게 될지도 모른다. 그 누구도 인생의 기회가 정문 너머에만 있다고 장담할 수 없다.

'뒷문'의
유혹에서
벗어나기

옆문 전략은 기존의 틀을 벗어나 문제를 해결하는 창의적이고 유연한 접근법이다. 꼼수나 편법이 아닌, 합법적이고 윤리적인 범주 내에서 새로운 가능성을 모색하는 방식이다. 그러나 옆문 전략의 본질을 제대로 알지 못하고 자칫 오해하면, 의도치 않게 불법적이거나 비윤리적인 '뒷문'의 유혹에 빠질 위험이 있어 각별한 주의가 필요하다. 빠르고 쉬운 성공을 갈망하는 마음이 클수록, 옆문을 찾는다는 명분으로 뒷문에 빠져들기 쉽다. 지름길을 찾다가 위험한 골목으로 들어서는 것으로 이는 개인의 도덕성을 훼손시키고 장기적으로 자신과 사회에 돌이킬 수 없는 해를 끼칠 수 있다. 교육 분야는 옆문과 뒷문의 명확한 구분이 특히 더 중요한 영역이다. 전 세계적으로 치열한 경쟁이 벌어지는 교육 현장에서는 불법적인 방법으로 목표를 달성하려는 시도, 즉 '뒷문'의 유혹이 끊이지 않기 때문이다.

세계의 입시 열기

최근 인도는 전 세계 IT 분야를 주름잡고 있다. 마이크로소프트, 구글, IBM, 어도비 등 많은 글로벌 기업의 CEO가 인도계이고 각국의 정·재계, 산업계에도 인도 출신 인사들이 대거 포진해 있다. 2023년 5월 방영한 KBS 다큐인사이트 〈인도 천재〉라는 프로그램은 인도 사람들이 IT 분야에서 두각을 나타내는 이유와 그들의 뜨거운 입시열을 다뤘는데 그 내용은 매우 놀랍고 인상적이었다. 우리나라도 사교육이든 공교육이든 교육열이 대단히 높지만 인도에 비할 바는 아닌 것 같았다.

인도의 인구는 어느새 중국을 추월해 세계 1위 국가로 올라섰다. 실리콘밸리는 물론 수많은 기업에서 요직을 차지한 인도계 인사 중 다수는 인도 최고 명문대인 인도 공과대학Indian Institute of Technology(이하 IIT) 출신이다. 인구 14억이 넘는 인도에서 IIT에 입학하기 위한 경쟁은 상상을 초월한다. 약 2,800만 명의 고등학생 중 졸업 시험 상위 25%에 들어야만 IIT 입학시험 응시 자격이 주어진다. 여기서 다시 100:1의 경쟁률을 뚫어야, 즉 1명당 100명의 상위권 학생들과 겨뤄야 최종 입학이 가능하다. 인도 사람들은 IIT 입학이 자녀는 물론 가족 전체의 삶을 바꾼다고 굳게 믿는다. 따라서 온 가족이 입시에 사활을 건다. 자녀가 공부에 재능을 보이면 할아버지, 할머니, 이모, 삼촌, 고모 할 것 없이 나서서 물적 지원을 아끼지 않는다. 입시 준비를 위해 유학을 보내기도 하고, 공부하기 좋은 환경으로 가족 모두가 이사를 하기도 한다. 인도 전역에서 모여든 15만여 명의 '천재'들이 입시 준비를 하는 도시, 세계에서 가장 큰 학원가로 알려진 '코타Kota'가 생긴 배경이다.

중국도 대학 입시열이 둘째가라면 서럽다. 중국에서 출신 학교는 매우 중요하다. 오늘날 중국을 움직이는 지도층 대부분이 베이징대, 인민대, 칭화대, 푸단대 등 중국 상위 대학 출신이다. 재계·법조계·언론계도 이 학교 출신들이 주름잡고 있다. 중국에는 무려 2,600여 개의 대학이 있지만 어마어마한 인구에 비해서는 턱없이 부족한 수다. 약 400개의 대학이 있는 우리나라와 인구 대비 대학 수를 따져보면 6분의 1 수준이다. 중국의 대학 입학시험 '가오카오高考'의 경쟁률이 높을 수밖에 없다.

세계 최상위 교육 수준을 자랑하는 싱가포르 역시 마찬가지다. 초등학교 때부터 대학 입시를 위한 경쟁이 시작된다. 일찌감치 소수의 영재 그룹을 선발해 집중적으로 교육하는 엘리트 위주의 교육 정책을 펼친 탓에 거의 모든 학생이 오직 서너 곳의 국립대학만을 목표로 삼는다. 어릴 때부터 상당한 난이도의 시험인 'GCE AGeneral Certificate of Education Advanced Level. 대학입학 자격 기준시험'을 준비해야 하는 학생들에게 공부 이외의 삶은 없다.

이처럼 우리나라를 비롯해 인도, 중국, 싱가포르 등 동양권 국가의 학업 열의는 특별하다 못해 지나쳐 보이기까지 한다. 하지만 내가 20년 남짓 여러 대륙을 오가며 여러 나라에 살면서 보고 듣고 느낀 것이 있다면, 자녀에 대한 부모의 교육열은 지구촌 어디나 크게 다르지 않다는 점이다.

우리나라는 물론 세계 많은 나라에서 벤치마킹하는 미국의 교육은 어떨까? 영화나 드라마로 접하는 미국 학교, 미국 학생들은 마냥 즐거워 보인다. 입시 스트레스 따위는 없을 것 같다. 그도 그럴 것이 날마다 달마다 각종 파티에 재미난 행사가 넘쳐난다. 초등학생은 물론 고등학생이 되어서도 학교에 잠옷을 입고 가서 종일 영화나 보고 돌아오는 날도 있고, 아침 7시부터 학교 주도로 도넛 파티를 하기도 한다. 방과 후 교문 앞에 줄줄이 대기 중인 학원 차에 몸을 싣고 이 학원 저 학원 다니다 깜깜한 밤이 되어서야 귀가하는 게 일상인 우리나라 학생들 입장에서는 미국 학생들이 부러울 수밖에 없다. 눈부신 햇살 가득한 공원에서 한가롭게 가족이나 친구들과 캐치볼이나 하는 모습만 보면 당연히 그렇다.

환상을 깨뜨리는 것 같아 미안하지만 현실은 영화나 드라마와 아주 많이 다르다. 미국 50개 주에 있는 모든 학교에 해당하는 건 아니지만 소위 '괜찮다' 하는, 진학률과 학업 성취도가 높은 학교의 부모들은 자녀가 Pre-KPre-Kindergarten, 유치원에 입학하기 전부터 과외를 시킨다. 영재반 시험인 'GT test'를 위해 대학생이나 현직 교사를 고용하는 것인데, 놀라운 점은 이것이 특별하거나 유난스러운 일이 아니라는 사실이다.

각 주마다 정식 명칭이 조금씩 다르지만 미국 초등학교 대부분은 GTGifted and Talented, 영재 학생들을 위한 교육 프로그램을 운영한다. GT 시험은 유치원부터 초등학교 5학년까지 매해 한 번씩 실시되는데, 딱 한 번만 일정 점수 이상을 넘으면 다른 주로 이사 가지 않는 한 초등학교 졸업 때까지 쭉 영재반 학생으로 분류된다. 학년이 올라갈수록 시험 난이도가 높아지기 때문에 조금이라도 어릴 때 응시해 합격하는 게 유리하다. 그래서 유치원 입학도 하지 않은 꼬마에게 GT 시험을 위한 과외를 시키는 것이다.

초등학교 4학년, 빠르면 3학년부터는 읽기, 쓰기, 수학數學 능력에 따라 반을 옮겨 다니며 수준별 수업을 받는다. 가방이나 교재에 '영재반'이라고 따로 표시하지는 않는다. 빨강, 주황, 노랑, 초록 등 색으로 구분하고 위화감 방지를 위해 매년 해당 레벨 색을 바꾼다. 하지만 학부모는 물론 학생들끼리도 어떤 색이 가장 우수한 학업 성취도 그룹인지 어렵지 않게 알 수 있다.

미국에서 휴스턴 교육청 소속 LPACLanguage Proficiency Assessment Committee, 언어능력평가위원회 학부모 대표 위원으로 활동한 적이 있다. 비영어권 학생의 영어 능력을 평가하고 실력 향상에 필요한 지원 업무를 담당했는데, 일하면서 알게 된 놀라운 사실이 있다. 선생님이 학생을 아예 'GT kids(영재반 학생)'와 'regular kids(비영재반 학생)'로 나눠 부른다는 것이었다. 배려심 없고 세심하지 못한 몇몇 선생님들만의 표현도 아니고, 친한 선생님들끼리 사적으로 쓰는 말도 아니었다. 공식 회의나 발표 자리에서 학교 관계자들은 물론, 심지어 학부모들도 그렇게 구분 지어 불렀다.

상황이 이렇다 보니 대부분 학부모는 자녀가 이왕이면 GT

시험에 통과한 친구와 친해지길 바란다. 친구를 잘 사귀어야 한다는 건 언어권, 문화권을 막론하고 통하는 '국룰'이다. 자녀가 아직 시험에 통과하지 못했다면, GT 친구들이 다니는 야구나 체스, 피아노, 테니스 수업이라도 참여시켜 그들과 어울리게 한다.

미국 전역을 들썩이게 한 입시 비리

항상 파티나 즐기고 운동에 열을 올릴 것 같은, 공부 스트레스와는 거리가 멀어 보이는 미국에서조차 학업 성취도를 높이려고 초등학교, 심지어 그 이전부터 많은 시간과 자원을 들인다. 정도의 차이는 있겠지만 미국도 출신 학교와 인맥이 사회 곳곳에서 중요한 가치로 자리 잡고 있기 때문이다. 대륙과 국가, 인종을 가리지 않고 모두가 학력을 중시하니 입시 경쟁이 치열해질 수밖에 없다. 극심한 경쟁 속에서는 불법적인 방법, 즉 '뒷문'을 통해 목표를 달성하려는 유혹이 생기기 쉽다.

2019년 봄, 미국 전역을 떠들썩하게 한 일이 있다. 유명 교육 컨설턴트였던 릭 싱어Rick Singer가 주도한 대규모 입시 비리 사건이다. 릭은 부유한 부모들에게 자녀를 명문 대학에 입학시켜 주겠다며 접근했다. 그는 SAT, ACT 성적 등 대학 입학에 필요한 서류를 포토샵으로 조작하기도 하고, 미리 포섭한 학교 내부자를 통해 시험 답안지를 수정하기도 했다. 명문대학교에서 중시하는 봉사 활동 경력을 채우려고 허위 단체를 만들어 학생의 활동 내용을 날조하는 등 대담하고 치밀한 수법을 썼다. 무려 750여 명의 학생이 릭이 만든 '뒷문'을 통해 명문 대학에 진학했다.

2011년부터 시작된 릭의 비리 행위는 그가 체포되기 전까지 무려 8년이나 지속됐다. 조사에 협조하면 형량을 줄여주겠다는 검찰의 제안을 받아들인 그는 그동안의 범죄 행위를 털어놓았다. 부정 입학을 청탁한 부모들과 뇌물을 받은 명문 대학 관계자들이 줄줄이 소환됐다. 사건에 가담한 부모들은 대부분 재력가나 유명 인사였다. 이들은 자녀의 미래에 대한 욕심, 성공에 대한 압박, 부모 자신들의 사회적 지위나 품위 유지 등 다양한 이유로 릭이 요구한 상당한 돈을 기꺼이 수임료로 지불했다.

미국 TV 드라마 〈위험한 주부들〉로 국내에서도 높은 인지도를 갖고 있던 유명 배우 펠리시티 허프만과 TV 드라마와 영화에서 활발히 활동하면서 큰 사랑을 받은 배우 로리 로우린도 그들 중 하나였다. 특히 로우린 부부는 두 딸의 남가주 대학교 입학을 위해 50만 달러(한화 약 7억 원) 이상 쓴 것으로 알려져 많은 이의 공분을 샀다.

돈과 명예 그리고 권력까지 뭐 하나 아쉬울 것 없는 미국의 내로라하는 인기 배우들과 정치인들이 연루됐다는 점에서 이 사건은 크게 이슈가 됐다. 그러나 이런 일이 비단 미국에서만 일어나는 것은 아니다. 우리나라에서도 시험지 유출, 채용 비리, 대리 시험 등 치열한 대학 입시와 살벌한 취업 문을 뚫기 위해 뒷문을 두드리는 사건이 끊이지 않는다.

옆문처럼 행세해도 뒷문은 뒷문

뒷문 사용이 뿌듯하고 떳떳한 사람은 없다. 모두가 다 정문으로 들어가지는 못하니까, 하는 수 없이 그 앞에서 주춤거리고 망설이다가 생기는 일이다. 절실하니까, 너무 원하다 보니까, 순간적으로 뒷문이 옆문처럼 보일 수 있다. 정확히 말하면 뒷문이 옆문이기를 바라는 마음이 들 수도 있다. 하지만 아닌 건 아닌 거고, 안 되는 건 안 되는 거다. 급하다고 아무 문이나 열고 들어가선 안 된다. 대개 뒷문을 사용할 때는 '이번 한 번만!'이라고 되뇐다. '여태 착하게 살았는데 이번 한 번은 이래도 되겠지'라며 합리화한다. 하지만 뒷문 사용은 대부분 한 번으로 끝나지 않는다. 거짓은 거짓을 부르고 결국은 파국을 맞는다. 운이 좋아 당장은 발각되지 않더라도 자신을 속일 수는 없다. 양심의 가책 따위는 사치라고 하는 이들도 있지만, 대부분의 선량한 인간은 떳떳하지 않은 일을 하는 자기 모습에 실망하면서 스스로 망가지기 마련이다.

그렇다면 무엇이 '뒷문'일까? 법적으로나 도덕적으로, 혹은 윤리적으로 문제의 소지가 있는 건 모두 뒷문이다. 절실하고 간절하다고 해서, '딱 한 번' 열었다고 해서, 뒷문이 옆문이나 정문이 되지는 않는다. 행여나 뒷문인지 몰랐다거나 옆문과 헷갈렸다는 핑계는 대지 말자. 그래도 혹시 모르니 여기 좋은 뒷문 구별법이 있어 소개한다. 너무 쉽거나, 편하거나, 모든 게 마법처럼 완벽하게 딱딱 맞아떨어지면 뒷문일 가능성이 크다. 주의하고 의심해야 한다. 그렇다면 옆문은? 다른 사람, 특히 온 세상에 그 사실을 퍼뜨릴 기자가 알아도 상관없다면 옆문이다. 옆문과 뒷문을 구분하는 데 이보다 더 명확한 기준은 없지 않을까 싶다.

정문이 열리지 않는다고 해서 너무 실망하지 말자. 조급해하지도 말자. 그래야 나중에 후회할 게 분명한 뒷문의 유혹에서 벗어날 수 있다. 옆문을 찾을 때는 분명한 목적의식을 가져야 한다. 뒷문을 거부하고 반드시 대안을 찾겠다는 다짐, 그리고 이를 실천할 줄 아는 능력인 '옆문력' 키우기가 특별히 중요한 이유다.

불확실성을 극복하는 용기, 옆문은 기세다

옆문을 여는 데는 용기와 결단력이 필요하다. 익숙하고 안전한 영역을 벗어나는 행위이기에 불확실성에 따르는 불안, 실패에 대한 두려움, 타인의 반응이나 시선에 대한 걱정이 생기기 마련이다. 그래서 옆문이 기회와 성장의 발판이라는 걸 알면서도 주저하고 망설이게 된다.

심리학자들은 인간이 느끼는 두려움이 대부분 실제보다 과장되었다고 말한다. 이를 '과대평가 편향'이라고 하는데, 말 그대로 부정적인 결과가 발생할 확률과 그에 따른 영향을 실제보다 크게 평가하는 경향을 뜻한다. 깜깜해서 아무것도 보이지 않는 곳에 혼자 들어가야 한다고 해보자. 실제로는 안전하고 아늑한 공간일지라도, 당장 눈에 보이는 것이 없기에 걱정과 불안에 사로잡히기 쉽다. 여기서 벗어날 가장 좋은 방법은 뭘까? 무섭지만 그럴수록 팔을 길게 뻗어 스위치를 얼른 찾아 불을 켜는 것이다.

결과를 알 수 없다고 해서 시도조차 하지 않는다면, 그것이야말로 가장 큰 손실이자 손해다. 옆문을 선택지에서 제외하는 순간, 그것이 제공하는 수많은 기회를 버리는 셈이 된다. 불안과 두려움을 완전히 없앨 수는 없겠지만, 이를 극복하고 과감하게 대안을 모색하는 게 중요한 이유다.

"남이 뭐라 카든 계속 하는 기지"

나는 어릴 때 인사를 아주 잘하는 꼬마였다. 돌이켜 보면 굳이 그렇게까지 할 필요가 있나 싶을 정도로 그랬다. 그러던 어느 날, 여느 때처럼 모르는 사람에게 인사를 했다가 매우 당혹스러운 일을 겪었다.

"안녕하세요!"

"누구지? 너 나 아니?"

"…"

그 순간 느꼈던 민망함은 마흔이 넘은 지금까지도 생생히 기억난다. 그 일로 주눅이 든 나는 한동안 모르는 사람에게 인사하기를 망설였다. 어른에게 인사하면 무조건 좋을 줄로만 알았는데 그게 아니었다. 또 그런 일이 생길까 봐 걱정됐다.

그러던 중 할아버지가 집에 오셨다. 6·25 전쟁 때 입은 총상으로 한쪽 다리가 마비되어 평생 지팡이에 의지해야 했는데, 불편한 몸으로도 자주 우리 집을 찾으셨다. 아파트 텃밭에 심은 옥수수를 돌본다고 하셨지만 이는 핑계일 뿐 사실은 손녀인 내가 보고 싶어 오시는 거였다. 어느 날은 할아버지께 속상했던 일을 말씀드렸다. 그랬더니 **"에이, 우리 손녀, 최고 똑똑한 줄 알았드만 아이네**(아니네)**"** 하며, 인사는 원래 받는 사람이 아닌 하는 사람을 위한 것이라고 하셨다. **"인사하면 기분 좋다 아이가, 맞제? 그라모 남이 뭐라 카든 계속 하는 기지"**라고도 하셨다.

할아버지 덕분에 나는 다시 예전처럼 밝게, 적극적으로 인사할 수 있었다. 물론 가끔 차갑거나 뜨뜻미지근한 반응을 마주하기도 했지만, 그전처럼 속상하지는 않았다. 약간의 두려움을 극복한 결과, 나는 '인사 잘하는 상냥한 아이'가 누리는 기회와 혜택을 놓치지 않을 수 있었다.

두려워할 일은 시도조차 하지 않는 것

옆문을 열려다가 창피하거나 민망한 상황에 부딪힐 수 있다. 노력을 다해봐도 기대한 만큼 쉽게 열리지 않을 수도 있다. 그러나 이는 시도를 멈출 이유가 되지 못한다. 개똥 한 번 밟았다고 공원 산책을 그만둘 텐가? 그랬다간 사시사철 아름다운 자연이 선사하는 기쁨을 놓치게 된다. 달리다 넘어져 팔꿈치가 까졌다고 다시는 달리기를 안 하겠다고 선언하는 것은, 건강한 삶을 스스로 포기하는 것과 다름없다.

아무것도 걸지 않고, 어떠한 행동도 없이 원하는 바를 얻을 수는 없다. 옆문이 안 보여도, 열기가 두렵더라도, 일단 도전해야 한다. 물론 실패할 수 있다. 중간에 꺾이고 좌절할 수도 있다. 그렇다고 시작조차 하지 않는 것은 너무나 어리석은 일이다. 망설임은 새로운 경험이나 결정 앞에서 느끼는 자연스러운 감정이다. 그러나 그 시간이 너무 길어지면 값진 기회를 놓칠 수 있다. 결과를 장담할 수 없더라도, 주저하지 말고 옆문을 열어보자. 가장 두려워하고 경계해야 할 것은 두려움에 압도되어 시도조차 하지 않는 것이다.

"걱정을 해서 걱정이 없어지면 걱정이 없겠네."

티베트의 유명한 속담이다. 어차피 불안을 피할 수 없다면, 옆문을 열어나 보고 걱정하는 편이 지레 겁먹고 열어보지도 못하는 것보다 낫지 않을까?

때로는 용기를 가장하는 것만으로도 정말 용기가 생긴다. 옆문 앞에서 망설이고 있다면 지금 당장 그 문을 열어보자. 잊지 말자. 옆문 열기는 결국 기세다!

어디에나 있지만
찾는 이에게만
보이는 옆문

옆문은 어디에나 존재한다. 그러나 아무나 찾을 순 없다. 진심을 다해 절실하게 노력하는 자만 발견할 수 있다. 옆문의 존재를 믿지 않는 이들에겐 정신 나간 사람처럼 보일 수도 있다. 하지만 주위의 시선이 중요한가. 기회를 위해 기꺼이 미친 사람처럼 보일 용기와 배짱을 가진 이들만이 달콤한 열매를 맛볼 수 있다.

옆문을 여는 태도의 힘

미국에 살 때 가까이 지내던 스페인 친구가 있었다. 친구의 남편 디에고Diego(가명)는 스페인 최대 은행 BBVA의 임원으로, 2021년 미국 금융 회사 PNC가 BBVA의 미국 사업권을 인수하는 과정에서 중요한 역할을 맡았다. PNC는 워런 버핏이 투자한, 탄탄하기로 유명한 회사여서 많은 이의 관심과 주목을 받았다. 2008년 금융 위기 이후 미국 내 최대 규모의 은행권 인수 합병으로 기록된 이 협상 과정에서 디에고는 어려운 결정을 해야 했다. 그중 흥미로웠던 이야기가 있어 소개하고자 한다(대외비 사항은 제외했고, 등장인물 이름은 모두 가명임을 미리 밝힌다).

디에고의 주요 업무는 정리 해고였다. 그런데 많은 직원의 자녀가 그의 아들과 같은 학교에 다니고 있어 결정이 쉽지 않았다. 마르코와 프랜시스코의 자녀도 디에고의 아들과 친구였다. 그러나 어쩔 수 없이 해고 대상을 선정해야 했고 비슷한 시기에 미국으로 발령받은 마르코와 프랜시스코는 도착 8개월 만에 해고 명단에 나란히 이름을 올렸다. 이 소식을 접한 두 사람의 반응은 극명하게 갈렸다. 평소 성격이 불같던 프랜시스코는 자신이 해고 대상에 포함된 사실을 받아들이지 못하고 즉시 인사과로 가서 한바탕 소동을 피웠다. 반면 마르코는 곧장 디에고 사무실을 찾았다. 미국에 남을 수 있다면 어떤 조건이든 수용하겠다며 방법을 알려달라고 했다. BBVA 소속일 때보다 직위나 보수가 낮아도 괜찮다며 통사정했다.

해고 업무를 맡은 디에고는 인수사인 PNC 측에 아쉬운 소리를 할 필요가 없는 입장이었다. 그의 자리는 합병과 무관하게 보장돼 있었다. 하지만 임시직도 감수하겠다는 마르코의 간절한 부탁을 외면할 수 없어 PNC 측에 문의했다. 그런데 전혀 예상치 못했던 일이 벌어졌다. PNC 측에서 마르코의 채용 인터뷰 일정을 보내온 것이다. 마르코에게 한시적으로 기회를 주고, 성과가 좋을 경우 계약 연장을 고려하겠다면서 말이다.

당시 PNC는 BBVA의 미국 사업권 인수 작업이 마무리되면 애리조나주와 뉴멕시코주를 포함한 남부 지역으로 사업을 확장할 계획이었다. 그런데 뉴멕시코주 책임자로 내정된 직원이 갑자기 회사를 관두는 바람에 급히 스페인어에 능통한 담당자를 물색하던 참이었다. 마르코의 절박하고 진정성 넘치는 행동이 그의 상황을 완전히 뒤바꿨다. 하루아침에 실직자가 되어 꼼짝없이 스페인으로 돌아가야 할 처지에서, 오히려 기존보다 더 높은 자리를 얻은 것이다. 마르코의 보수는 인상되고 업무 조건도 좋아졌다.

뒤늦게 이 사실을 알게 된 프랜시스코가 펄쩍 뛰었다. 왜 자신에게는 기회를 주지 않았느냐며 디에고에게 따졌다. 하지만 그 기회는 디에고가 준 것이 아니었다. 절실한 마음으로 디에고를 찾아 그의 마음을 움직인 사람은 마르코였다. 즉 마르코가 직접 옆문을 찾아 얻은 기회였다. 그제야 프랜시스코도 읍소해 보았지만 이미 기차는 떠난 뒤였다. 그를 위한 자리는 남아 있지 않았다.

"끝날 때까지 끝난 것이 아니다." 미국 메이저리그의 전설적인 포수이자 뉴욕 메츠의 감독을 역임한 요기 베라Yogi Berra가 1973년에 남긴 명언이다. 너무 오래돼 식상하게 느껴질 법도 한데, 반백 년이 지난 지금도 너무나 유효한 말이다.

프랜시스코가 해고 통보를 받았을 때, 절망과 실망에 사로잡히지 않고 옆문을 찾았으면 어땠을까? 마르코처럼 대안을 모색했다면 마르코 대신 PNC의 뉴멕시코주 책임자가 됐을지도 모른다. 결과를 보장할 수는 없지만 적어도 인터뷰 기회는 주어졌을 수 있을 테니까 말이다.

해고 통보든, 입시나 채용 실패든, 끝났다고 생각하는 순간 어떠한 행동을 취하는지가 중요하다. 지레 포기하면 정말 아무런 선택지도 남지 않는다. 벽처럼 보이는 책장이 때때로 비밀 통로로 이어지는 것처럼 가능성은 늘 있다. '에이, 그게 되겠어?'라는 생각보다는 '혹시 모르지!' 하고 덤벼들어야 한다. 중요한 것은 태도다. 정말이지 태도가 모든 것을 결정한다. 타인이 설정한 한계선 앞에서 멈춰버리면 한 발자국도 더 나아갈 수 없다.

눈에 보이지 않는 옆문을 현실로 끌어오기

한국에서 갑자기 미국으로 옮겨야 했을 때의 일이다. 예정에 없던 일이라 한국에서 진행 중이던 프로젝트를 미국에서 병행해야 했는데, 업무 외적인 부분에서도 생각지 못한 난관에 부딪혔다. 아이들 학교 문제였다.

미국도 한국과 마찬가지로 공립 초등학교에 입학하려면 해당 지역 거주를 증빙하는 자료가 필요하다. 학교에 집 계약서 원본을 제출해야만 교육청에서 학생 등록과 반 배정 등의 절차를 진행한다. 미국에 도착하자마자 서둘러 집을 구했고, 수십 장에 달하는 입학 서류를 신속하게 작성해 입학 담당자에게 제출했다. 그러나 등교 전날 오후, 학교로부터 연락이 왔다. 계약서상의 입주 일자가 2주 후로 기재되어 있어 입학이 취소될 수 있다는 것이었다. 담당자는 서류 접수 당시 이를 미처 발견하지 못한 자신의 실수를 인정하면서도, 규정상 입학은 2주 후에야 가능하다고 했다.

황당했다. 아이들은 이미 열흘 이상 학교에 가지 못하고 있었다. 하루라도 빨리 학교에 가야 미국 생활에 적응할 수 있을 터였다. 나 역시 새로운 환경에서 처리해야 할 문제가 산적한 상황이었다. 도움을 청하려고 여기저기 연락을 취해봤지만 주변 반응은 한결같았다. 어떡하냐, 안타깝다, 그래도 규정이 그렇다면 따를 수밖에 없지 않으냐, 달리 수가 없겠다….

이런 상황에서는 누구나 무력감에 빠질 수밖에 없다. 나도 그랬다. 학생 등록을 못 해준다는데 무슨 수로 아이들을 학교에 보낸단 말인가? 속상하지만 그냥 받아들이는 것 외에 뾰족한 수가 없어 보였다. 하지만 그렇게 쉽게 포기할 수 없었다. 아니, 그러기 싫었다. 어쩌면 임시 숙소에서 종일 빈둥거리는 아이들을 감당할 자신이 없었던 게 더 큰 동기였는지도 모른다. 이유야 어찌 됐든, 입학 담당자 실수로 빚어진 일이었다. 분명히 방법이 있을 거라 확신했다. 당장은 보이지 않았지만 반드시, 어딘가에는 옆문이 있을 거라 믿었다.

우선 학교로 갔다. 사전 약속 없는 방문이었지만, 미안해서 그랬는지 입학 담당자가 거의 뛰다시피 나와 맞아주었다. 학교에 입학하기 위해 필요한 것이 무엇인지 재차 확인했다. 입주 일자 하나, 그거만 해결되면 된다고 했다. 학교에서는 옆문을 찾을 수 없다고 판단했다. 희망 입학 날짜에 딱 들어맞는 입주 일자가 필요한데 이는 학교로서도 어떻게 할 수 있는 부분이 아니었다. 곧장 집 계약을 담당한 부동산 중개인 데이비드를 만나러 갔다. 사실 그의 동료로부터 입주 일자 변경은 어렵다는 답변을 이미 들은 터였다. 그는 기존 세입자가 동의해주면 또 모르지만 그럴 일은 거의 없다고 딱 잘라 말했다. 그런데도 데이비드를 찾아간 데는 이유가 있다. **"세입자가 동의해주면 또 모르지만"**이라는 부분에서 희미하게나마 옆문이 보였기 때문이다.

데이비드는 인도계 미국인이었다. 같은 아시아인으로서, 인종 간의 유대감 따위에 기대고자 한 건 결코 아니다. 하지만 그가 날 도와줄 거란 어느 정도의 확신이 있었다. 다름 아닌 인도인들의 높은 교육열 때문이었다. 하루빨리 자녀를 학교에 보내고 싶은 부모 마음에 공감해줄 거로 생각했다. 나는 모르지만, 그가 아는 방법이 있을지도 모른다고 생각한 내 기대와 바람은 멋지게 들어맞았다. 데이비드는 즉시 세입자에게 연락을 취했고, 사정 설명을 들은 세입자는 놀랍게도 흔쾌히 동의해주었다. 곧바로 학교에 전화를 걸어 문제가 해결되었음을 알렸고 다음 날 아침, 아이들은 예정대로 학교에 입학했다.

시시해 보일지 모르겠다. 그게 뭐 그리 대단한 일이냐고 반문할 수도 있다. 하지만 일상은 슈퍼 히어로나 해결할 만한 엄청난 스케일의 사건들로 이루어지지 않는다. 끊임없이 발생하는 자잘하고 사소한 문제를 해결해나가는 과정이 우리네 인생이다.

학교로부터 입학이 취소된다는 연락을 받았을 때, 단 몇 시간 만에 상황을 바꿀 수 있으리라고는 예상하지 못했다. 이렇게 방법이 없어 보이는 당혹스러운 순간에도 그 상황을 곧이곧대로 받아들이지 않은 것, 바로 그 지점부터 문제 해결이 시작됐다고 볼 수 있다. 반드시 해결할 수 있을 거라는 확신을 가지고, 상상할 수 있는 모든 방법을 동원했다. 눈에 불을 켜고 옆문을 찾으려 한 적극적이고 끈질긴 태도가, 일면식도 없는 세입자가 입주 일자 변경에 동의해주는 흔치 않은 일로 이어졌다. 아파트 관리실 직원들 모두 이런 일은 처음이라고 했다. 학군이 좋은 곳이라 입주 일자 변경 요청 사례가 종종 있었지만 그 일로 세입자에게 연락을 취하는 일도, 이렇게 세입자가 아무런 대가나 조건 없이 동의해주는 일도 정말 드물다고 입을 모았다.

입학 취소 통보를 받고 바로 학교를 찾았을 때 담당자가 핑계를 대고 만나주지 않았다면, 데이비드가 근무하지 않는 날이었다면, 혹은 데이비드와 세입자가 전혀 모르는 사이거나 데면데면한, 심지어 서로 감정이 좋지 않은 상태였다면 어땠을까? 경우의 수를 따져보면, 반나절 만에 상황을 반전시킬 가능성보다 입학이 2주 뒤로 미뤄질 확률이 훨씬 높았다. '학교에서 안 된다고 했으니 어찌할 방법이 없지, 뭐.' '관리실에서 어렵다고 하네.' '안 된다는데 괜히 묻고 또 물으면 자존심만 상하겠지?' '안달복달하지 말고 그냥 깔끔히 포기하자.' 이렇게 생각했다면, 결코 일어날 수 없는 일이었다.

단언컨대 옆문은 어디에나 존재한다. 장애물에 가려져 있을지라도 반드시, 어디든 있다. 소설가 생텍쥐페리는《어린 왕자》에서 진정 중요한 것은 눈에 보이지 않는다고 했다. 실제로 인간은 빛의 90% 이상을 보지 못한다. 빛뿐만 아니라 바람도 볼 수 없다. 그러나 빛과 바람은 명백히 존재한다. 옆문도 마찬가지다. 쉽게 보이지는 않지만 분명히 있다. 편견 없는 열린 마음으로 적극적으로 찾으려는 자세와 태도가 무엇보다 중요하다. 특별한 노력 없이 누구나 옆문을 찾을 수 있다면 이를 강조할 이유가 없다. 옆문은 반드시 있을 거라는 강한 믿음과 확신을 가지고 끈질기고 간절히 찾는 자에게만 그 모습을 드러낸다는 것을 잊지 말자.

우연한 기회를
포착하는
행동과 결단

의사이자 걷기 전도사인 나가오 가즈히로Kazuhiro Nagao는 그의 저서《병의 90%는 걷기만 해도 낫는다》에서 **"아파서 못 걷는 게 아니라 걷지 않아서 아픈 것"**이라고 했다. 이는 옆문 전략에도 그대로 적용된다. 많은 이가 옆문이 쉽게 열리지 않는다고 불평하지만, 충분한 노력을 기울이지 않는 경우가 많다. 옆문 전략은 정문이 막혔을 때 사용하기에 본질적으로 정문 열기보다 어렵지 않다. 애초에 옆문을 열고자 하는 의지나 끈기가 부족해서 실패하는 것이다.

세상에는 어떤 문이든 마법처럼 저절로 열리기를 기대하는 사람들이 놀라울 정도로 많다. 이들은 노력 없이 좋은 결과만을 바란다. 원하는 바를 얻지 못하면 외부 요인을 탓한다. 가령 시험 성적이 좋지 않으면 타인의 우월한 환경이나 유전적 이점을 핑계 삼고, 승진에서 밀리면 부족한 인맥이나 불운을 탓한다. 하지만 이는 자신의 부족함을 인정하지 않으려는 방어 기제에 불과하다. 옆문을 열기 위해 역량을 집중해 고군분투하는 것보다, 열리지 않았을 때 타인을 비난하며 스스로를 위안하는 쪽이 훨씬 쉽고 편하기 때문이다.

반면, 정문 대신 옆문이라도 반드시 열겠다는 결연한 의지를 가진 이들의 접근 방식은 다르다. 그들은 전략적 사고를 바탕으로 구체적인 계획을 수립하고 이를 주저 없이 행동으로 옮긴다. 실패해도 쉽게 좌절하지 않고 끈기 있게 도전을 이어간다. 그러다 보니 이들은 대부분 옆문을 열어낸다. 때로 남들이 다 포기해도 끝내 열고 들어간다.

보상받을 권리는 누구에게나 있지만

2023년 전 세계 항공기 이용자 수는 세계 인구 절반에 가까운 약 38억 명에 달했다. 2024년에는 무려 47억 명에 달했으며 2025년에는 사상 처음으로 50억 명을 넘어설 것으로 예상된다. 이제 항공기는 더 이상 특별한 이동 수단이 아니다. 이처럼 항공 여행이 대중화되면서, 비행기 지연이나 취소로 인한 불편을 겪는 승객의 수도 증가하고 있다. 국제항공운송협회IATA의 자료에 따르면 2022년 전 세계 항공편의 지연율은 약 17%에 달했다. 이 수치를 항공기 이용자 수에 적용하면 약 6억 6,000만 명이다. 이를 항공사의 지연 통계에 따라 계산하면 약 15억 명이 된다. 즉 전 세계 항공기 이용자의 약 40%가 항공기의 지연이나 연착으로 피해를 입었다는 소리다.

이는 항공기 이용자의 업무나 개인 일정에 차질을 불러오면서 금전인 피해와 상당한 정신적 스트레스까지 동반한다. 하지만 보상이 이루어지는 비율은 턱없이 낮다. 한국소비자원의 조사에 의하면 2022년 한 해 동안 이루어진 피해자 보상은 약 30%에 불과했다. 한국보다 보상 규정이 엄격한 유럽은 약 50%가 보상을 받았지만, 미국은 보상 비율이 20%에 그쳤다. 평균적으로 열에 일곱은 적절한 보상을 받지 못했다는 결론이다.

항공기 지연 또는 연착 시 보상 기준과 그 세부 사항은 국가, 항공사, 티켓 종류 등에 따라 다르다. 지연 시간 인정 범위도 항공사에 따라 15분부터 3시간 이상까지 상이하고, 보상의 형태 또한 현금, 항공 마일리지, 숙박 또는 식사, 대체 교통편 제공 등으로 종류가 매우 다양하다. 기상 조건, 자연재해, 파업, 국제정세 변화 등 항공사의 제어 범위를 벗어나는 경우에는 보상

의무가 없다는 것도 변수다. 항공기가 지연·연착·취소됐을 때 보상을 요구할 권리는 누구에게나 있다. 다만 앞선 통계에서도 봤듯이 모두가 받진 못한다. 보상 요구를 하지 않는 승객도 있고 요청해도 항공사가 적절한 이유로 거부할 수도 있다. 같은 항공편을 나란히 앉아 이용한 승객이라 할지라도, 누구는 보상을 받고 누구는 받지 못할 수 있다. 둘 다 보상을 받는다 하더라도 그 종류나 액수가 다를 수 있다.

악명 높은 항공사의 옆문을 열어제끼다

내게도 그런 일이 몇 번 있다. 가장 기억에 남는 것은 알이탈리아 항공을 이용했을 때다. 알이탈리아 항공은 70년 역사를 가진 이탈리아의 대표 항공사지만 서비스 질이 좋은 편은 아니었다. 요즘도 가끔 알이탈리아의 형편없는 서비스에 대한 불만 글이 보이는데 수년 전엔 더 했다. 그 때문인지 알이탈리아는 적자의 늪에서 허덕이다 2021년 10월, 새롭게 이탈리아 국영 항공사가 된 ITAItalia Trasporto Aereo에 넘어갔다.

이탈리아를 경유해 아프리카로 갈 계획이었던 나는 예상치 못한 상황을 겪었다. 비행기가 이탈리아 밀라노 공항에 착륙하고 한참이 지나도록 내릴 수가 없었다. 연결 항공편 탑승 시간이 촉박하다고 항의하는 승객이 꽤 있었지만 승무원들은 별다른 설명 없이 기다리라는 말만 되풀이했다. 비행기가 공항에 도착한 지 무려 2시간이나 지나서야 비행기 문이 열렸다. 환승 시간이 유독 짧았던 내 연결 항공편 비행기는 이미 떠났을 시간이었지만, 나는 단거리 육상 선수처럼 내달렸다. 기내 승무원이 밀라노 공항의 모든 항공기가 2시간씩 늦게 출발할 거라며 "**Non c'è problema!**(문제없어!)"라고 했기 때문이다. 하지만 웬걸, 비행기는 이미 떠난 지 오래였다. 함께 전력 질주하던 남아프리카공화국 커플은 재빨리 탑승구 앞에 진을 쳤다. 그들은 하루에 한 대밖에 없는 다음 비행기에 타려면 그 앞에서 대기하다가 신속하게 여분의 좌석을 확보하는 게 최선이라는 걸 아는 여행 베테랑이었다.

나는 일단 예약해둔 도착지 공항 픽업 차량을 취소했다. 그러고 고객 센터로 가서 정말로 밀라노 공항에 도착한 모든 항공기 탑승객들이 2시간 동안 기내에서 옴짝달싹 못 하고 있었는지 알아보았다. 공항이 아니라 항공사 자체 문제였음을 확인한 후, 지체 없이 알이탈리아 항공 사무실로 향했다.

다들 의아한 표정으로 나를 빤히 쳐다봤다. 그때도 밀라노는 한국 관광객이 많은 도시라 한국인이 낯설지는 않았겠지만, 나처럼 짐을 잔뜩 들고 공항 사무실을 찾은 사람은 드물었을 테니 그럴 법했다. 비행기 티켓의 편명을 가리키며 착륙 후에 어떤 문제가 있었는지 알고 싶다고 했다. 화장실도 못 가고 기약 없이 기다리게 한 거로도 모자라 연결 항공편까지 놓치게 만들었는데, 고객에게 어떠한 설명도 없었다. 교황도 타고 다니는 국영 항공사 알이탈리아의 수준이 이럴 리가 없다며 공손하고 나긋나긋하게, 하지만 의도적으로 그들의 자존심을 건드리며 말했다. 연결 항공편 비행기 탑승에 전혀 문제가 없을 거라고 안내했던 승무원 이름도 적어 건넸다. 잘못된 안내에 대한 책임은 승무원 개인이 지는지 항공사에서 질 건지도 알려달라며 책임자와의 면담을 요청했다.

처음에는 영어로 잘만 소통하던 직원들이 갑자기 하나둘 외면하면서 못 알아듣는 척하기 시작했다. 당황스러웠지만 그대로 사무실을 나갈 순 없었다. 조용히 의자 한편에 자리를 잡고 짐을 풀었다. 언제 다음 비행기에 탑승할 수 있을지 모르니 여기서 대기하는 수밖에 없지 않겠냐며 어깨를 한 번 으쓱하고는, 따뜻한 옷가지와 휴대폰 충전기를 꺼냈다. 일부러 진상을 떨려고 한 건 아니지만 그땐 지금처럼 번역 애플리케이션 수준이 좋지도 않았기 때문에 이탈리아어에 서툰 나로서도 어쩔 도리가 없었다.

직원 몇 명이 수군거리며 나가더니 양복을 말끔히 차려입은 매니저와 함께 돌아왔다. 유창한 영어를 구사하는 그가 마지막 관문임을 직감한 나는, 알이탈리아 항공 서비스의 총체적 부재에 대해 차분히 말했다. 공항이나 항공기 사정으로 인한 일정 지연은 얼마든지 있을 수 있지만 적절한 설명이나 후속 조치가 전무했던 점, 여행 중 돌발 상황에 대비해 언제든 취소 및 변경이 가능한 가장 비싼 등급의 티켓을 구매하고도 아무런 혜택이나 서비스를 받지 못한 점 등을 손가락으로 꼽아가며 조목조목 지적했다.

그날 저녁, 나는 밀라노 시내의 5성급 호텔(힐튼 계열이었던 걸로 기억한다)에 무료로 투숙했다. 공항과 호텔을 오가는 셔틀버스도 무료로 제공받았다. 심지어 아프리카로 가는 일정을 미루고 밀라노에 하루 더 머물렀지만 추가 투숙비도 내지 않았다. 호텔 직원에게 추가한 1박 비용은 내가 결제해야 한다고 했더니 "**미니바를 포함한 호텔 내 식당 이용 금액까지 전액 알이탈리아 항공 부담**"이라고 했다. 그렇게 밀라노에서의 2박은 내게 생각지도 못한 선물이자 추억으로 남았다.

며칠 후 아름다운 도시와 맛있는 음식을 뒤로하고 공항으로 돌아갔다가 낯익은 얼굴을 보고 깜짝 놀랐다. 꼬질꼬질하고 초췌한 모습을 한 남아프리카공화국 커플이었다. 항공편 여유 좌석이 없어서 할 수 없이 꼬박 이틀을 공항에서 지냈다는 그들에게 내 얘기를 들려주자 놀라움을 넘어 경악을 했다. 악명 높은 알이탈리아의 서비스를 익히 알고 있었던 탓에 항공사에 직접 문제 제기할 생각을 못 했다면서 진심으로 아쉬워하고 또 부러워했다.

바로 이게 핵심이다. 벌써 수년간 세계 일주 중이라던 여행 베테랑도 으레 '안 되겠지', '힘들 거야'라고 단정 짓고 시도조차 하지 않았다. 이런 경우는 놀라울 정도로 많다. '될 일이었으면 진작 됐겠지', '지금 시도한다고 뭐가 크게 달라지겠어?'와 같은 생각들을 모조리 걷어내자. 물론 부정적인 생각을 없앤다고 일이 술술 풀리진 않는다. 하지만 부정적 사고에 발목 잡혀 아무것도 하지 않는 것보다는, 뭐든 행동으로 옮기는 편이 낫다. 훨씬 더 많은 일을 성취하고 해결할 수 있다.

항공사는 자선단체가 아니다. '나, 이 문 열리는 거 알아, 그러니까 얼른 열어줘' 하며 적극적으로 두드리는 고객과 '이게 열리긴 하나? 안 열리겠지?' 하고 문을 살짝 밀어만 보고 발길을 돌리는 고객, 그리고 먼 발치에서 힐끗 보고 '에이, 저 문이 열릴 리 없지' 하며 돌아서는 고객이 있다고 치자. 사회적 기업이나 비영리 단체면 몰라도 이윤 극대화를 추구하는 회사 입장에서는 굳이 요구하지 않는 고객까지 챙길 이유가 없다. 물론 장기적인 관점에서는 그편이 더 나을 수도 있겠지만, 그래서 알이탈리아 항공이 ITA에 흡수되고 말았는지도 모르지만. 아무튼 자기 권리와 혜택은 스스로 찾고 취해야 한다는 점만큼은 너무도 당연하다.

노력은 하지도 않으면서 끊임없이 대안을 찾는 사람과 같은 결과를 바라는 건 염치도 양심도 없는 짓이다. 복권 한 장 사지도 않으면서 1등에 당첨되길 기다리는 것과 다르지 않다. 거듭 말하지만 옆문은 누구나 열 수 있다. 그러나 아무나 열 순 없다. 어떻게든, 반드시 열겠다는 결심으로 전략적인 노력을 아끼지 않는 자만이 그 문을 열 수 있음을 명심하자.

열리지 않는
정문의 늪에서
탈출하기

최근 반가운 통계 기사를 봤다. 구직자 수는 줄고 창업자 수는 늘었다는 내용이었다. 불과 몇 년 전만 해도 많은 청년이 공무원이나 대기업 취업 같은 정문만을 바라보며 모든 것을 걸고 수년씩 시간을 보냈었다. 이제라도 이들 중 상당수가 '정문'의 늪에서 허덕이지 않고 옆문을 찾아 나서고 있다는 소식은, 개개인의 자아실현 차원은 물론 경제 다각화와 일자리 창출 측면에서도 매우 고무적이고 바람직한 일이 아닐 수 없다.

우리 사회에는 꽤 오랫동안 '바람직한 삶의 정형', 혹은 '성공의 정석' 같은 정문이 존재해왔다. 좋은 대학을 졸업하고, 번듯한 직업을 가지고, 훌륭한 배우자와 결혼해 건강하고 똘똘한 자녀를 낳아 키우며 정년까지 안정적이고 편안하게 직장 생활을 하는 것. 이게 많은 이가 그리고, 원하고, 꿈꾸는 인생의 표본이었다. 부모들은 자녀가 이 정문을 통과하기를 간절히 바랐고 자녀들은 그 문을 열기 위해 청춘을 바쳤다.

한 우물의 맹점

나의 부모님도 예외는 아니었다. 그들도 당연히 내가 정문으로 들어가길 바라셨다. 편안하고 무난한 삶이 보장되기를 기대하면서 말이다. 하지만 나는 부모님이 권유한 법조인 말고도 하고 싶은 게 많았다. 언론에 관심이 생겨 미국 CNN 방송국 인턴을 해보기도 하고, 외국계 기업 임원이 되면 멋있겠다는 생각에 미국 MBA 유학을 준비하기도 했다. 그러다 아무래도 일과 가정의 양립을 위해서는 공무원이 낫겠다 싶어 외교부에 들어갔지만, 결혼과 출산 과정을 거치며 아이는 내 손으로 키워야겠다는 생각에 그마저도 관뒀다. 그러고는 시간 활용이 비교적 자유로운 강의와 컨설팅 활동을 시작했다.

평생직장 개념이 강하신 부모님은 왜 한 가지 일을 진득하게 하지 못하느냐며 매우 안타까워하셨다. 나의 변화무쌍한 행보가 불안정하기 짝이 없다며 걱정하셨다. 시간과 에너지를 한곳에 집중해도 성공할까 말까인데 여기저기 기웃거리는 듯한 내 모습이 마음에 드셨을 리 없다. 주변에 한 우물을 파서 변호사나 의사가 된 지인 자녀들이 많아 더 그러셨을 수도 있다.

그러나 지금 돌이켜 보면, 내가 한 우물만 파지 않은 것이 새삼 얼마나 다행인지 모른다. 2~3년마다 여러 나라를 옮겨 가며 새로운 환경에 빠르게 적응해 살아야 하는 현재의 내 삶에, 다양한 분야에서 쌓은 폭넓은 경험이 얼마나 큰 도움이 되는지 매번 실감하기 때문이다. 결과적으로 부모님이 걱정하셨던 그 '기웃거림'은 오히려 나의 가장 큰 자산이 됐다. 여러 우물을 다양하게 경험해본 이력이 내가 옆문을 잘 찾고 여는 데 밑거름이 되었음은 더 말할 것도 없다. 만약 부모님의 바람대로 법조인의 길을 고수했다면 지금쯤 적성에 맞지 않는 직업에 갇혀 괴로워하고 있을지도 모른다. 다른 길을 모색하고 싶어도 경험이 제한적이다 보니 엄두조차 내지 못하는 처지가 되었을 수도 있다.

그렇다고 오해는 말자. 정문에 연연하지 말라는 말이 조금 하다가 안 되면 관두라는 뜻은 결코 아니다. 취업을 위해 열과 성을 다하는 청년들에게 지금 하는 일을 접으라고 말할 수 있을까. 그건 아니다. 열심히 준비했지만 취업에 성공하지 못했을 때, 최선을 다했지만 일이 뜻대로 풀리지 않을 때, 실망하거나 자책하거나 비관하지 말고 다른 길을, 다른 가능성을 모색해보라는 거다.

좀 더 부연하자면, 목표를 이루기 위한 방법이나 수단을 유연하게 활용하라는 의미다. 가령 우물을 판다고 했을 때, 무뎌진 삽 하나로만 계속 파지 말고 상황에 따라 호미든, 괭이든, 전동 드릴이든, 필요하고 도움 되는 도구를 다양하게 활용하는 유연한 사고가 필요하다는 것이다. 그 과정에서 생각지도 못한 기회나 해결의 실마리를 찾을 수도 있고, 때로는 기대했던 것보다 더 나은 결과를 얻을 수도 있으니까 말이다.

닫힌 정문에서 노선을 바꾼 사람들

2023년 11월, 한국의 대표적인 코미디 프로그램 KBS 〈개그콘서트〉가 폐지된 지 3년 반 만에 부활했다. 1999년부터 무려 20년이 넘는 기간 동안 개그맨들의 정문 역할을 해온 〈개그콘서트〉의 갑작스러운 종영은 개그 프로그램을 사랑하던 이들에게 큰 아쉬움을 안겨주었다. 무엇보다 당시 출연자들이 느꼈을 당혹감은 가늠하기 어렵다. 2020년 6월 마지막 방송 이후, 많은 개그맨이 생계를 위해 배달이나 대리운전 등에 뛰어들었다. 그러나 일부 개그맨들은 민첩하게 옆문을 찾았다. 그들은 유튜브라는 새로운 기회를 통해 이전보다 더 많은 팬층을 확보하고 수입도 늘렸다. 공중파 방송국의 규제와 심의에서 벗어나 더 자유롭게 자신의 끼를 표현하고 발산한 결과다.

최근 '투자의 신'으로 주목받고 있는 황현희도 KBS 공채 개그맨 출신이다. 데뷔 후 큰 사랑을 받았으나 2014년 〈개그콘서트〉에서 퇴출됐다. 불확실하고 불안한 삶에 회의를 느낀 그는 자기 의지대로 어찌할 수 없는 '일' 대신, 자신이 관리 주체가 될 수 있는 '돈' 공부에 매진했다. 10년간의 끈질긴 노력 끝에 그는 현재 100억 자산가가 됐다.

배우 고명환도 탄탄했던 정문이 한순간에 닫히는 경험을 했다. 출연하는 작품마다 호평 일색이었던 그는 교통사고로 목숨을 잃을 뻔했다. 갑작스러운 활동 중단에 아쉽고 미련도 컸을 테지만 이미 난 사고를 돌이킬 수는 없었다. 그럼에도 그는 절망하지 않고 옆문을 찾았다. 과거의 영광과 정문의 늪에 빠져 허덕이는 대신, 자기가 좋아하는 음식 분야 사업을 시작했다. 엄청난 양의 독서를 밑거름 삼아 사업을 성공시킨 그는 현재 여러 권의 책을 쓴 저자로, 동기 부여 강연가로서 멋진 삶을 이어가고 있다.

'지무비'라는 예명으로 활동하는 유튜버 나현갑은 한때 무일푼의 취업 준비생이었다. KB국민은행 최종 면접 단계까지 갔다가 탈락의 고배를 마셨다. 취업의 고지가 눈앞이었기 때문에 실망감이 더 컸을 법한데도, 그는 좌절하지 않았다. 영화에 대한 열정을 살려 유튜브 채널을 개설했고, 불과 2년 만에 국내 영화 유튜브 분야 1등 크리에이터가 됐다. 레드 오션으로 여겨졌던 영화 유튜브 분야에서 월 수익 억대를 달성한 지 오래다. 은행 직원이 됐더라면 몇 년은 다녀야 벌 수 있는 돈을 한 달 만에 벌어들이는 그는, 진작에 경제적 자유를 달성했다.

〈개그콘서트〉의 일부 출연진들과 황현희, 고명환, 지무비 등은 모두 옆문 전략으로 성공한 이들이다. 어려움에 맞닥뜨렸을 때 그 상황에 함몰되지 않고 저벅저벅 '늪'을 빠져나와 멋지게 비상했다. 각자의 정문이 닫혔을 때, 닫힌 문 앞에 주저앉아 신세를 한탄하거나 좌절하지 않고, 적극적이고 능동적으로 새로운 가능성의 문을 열어젖힌 덕분이다. 이들에게 '닫힌 정문'은 오히려 멋진 시작의 계기가 됐다.

창문의 비밀

얼마 전 SNS를 뜨겁게 달군 한 영상이 있다. '손녀를 울컥하게 한 90세 할머니의 감동 조언'이라는 제목의 영상에서 할머니는 이렇게 말한다.

"문이 닫히면 창문이 열린단다. 인생이 그렇더라. 그러니 어떤 문이 닫히거든 '닫힌 문'에 집중하지 말고 '열린 창문'을 찾으면 된단다."

평범해 보이는 이 영상이 왜 그토록 큰 반향을 일으키며 많은 이의 마음을 움직였을까? 아마도 우리가 모두 인생에서 한 번쯤은 '닫힌 문' 앞에서 좌절한 경험이 있기 때문일 것이다. 신이 문을 닫으면 반드시 다른 문을 열어줄 테니 가던 길이 막혀도 실망하지 말라고, 나중에는 별 의미도 없는 대학 졸업장에 매달려 정문의 늪에서 허덕거리지 말라고, 다른 길로 돌아갔더니 오히려 그 길이 지름길인 경우가 우리 인생엔 너무나 많다고, 이보다 불행할 수 없다 싶었던 일이 결국은 최고의 행운으로 귀결되기도 하니 정문이 닫히거나 하루아침에 없어지더라도 너무 낙담하지 말라고. 할머니의 따뜻한 조언은 나에게도 큰 위로와 울림, 그리고 용기가 됐다.

정문이 닫혔다고 해서 좌절하지 말자. 정문만을 고집하고 집착하면 수많은 다른 기회, 즉 옆문을 놓칠 수 있다. 인생은 원래 예측 불가능하다. 닫힌 문 너머에 더 넓은, 더 멋진 세상이 기다리고 있을지 모른다. 혹시 지금 이 순간 닫힌 문 앞에 앉아 있는가? 그렇다면 얼른 고개를 들고 몸을 일으켜 주변을 둘러보자.

미처 보지 못했던 작은 창문들이 당신이 봐주기만을 기다리며 거기 있을 것이다. 그중 몇몇은 이미 열려 있을지도 모른다. 거듭 말하지만, 정문은 언제든 닫힐 수 있다. 하지만 정문이 닫힌다고 인생도 함께 닫히는 건 아니다. 결코!

실천 가능한
환경
만들기

연말이 되면 항상 느끼는 바이지만, 새해가 밝았을 때 세웠던 굳은 결심들은 언제 그랬는지도 모르게 흐지부지된다. 왜 연초의 거창한 계획들은 지켜지지 않는 걸까? 그럼에도 우리는 매년 새로운 다짐을 한다. 운동, 독서, 저축 등 종류는 다양하지만 대부분 오래가지 못한다. 의지가 부족해서일까? 꼭 그렇지만은 않다. 우리는 의지의 힘을 과대평가하는 경향이 있다. 물론 어떤 일을 추진하고 이루는 데 강한 의지가 중요한 역할을 하지만, 지속적인 실천까지 보장하지는 않는다.

핵심은 따로 있다. 바로 환경이다. 우리를 둘러싼 상황이 변하지 않으면 아무리 굳은 결심도 무용지물이 된다. 아시아를 대표하는 경영 컨설턴트이자 세계적인 경영 지도자인 오마에 겐이치Kenichi Ohmae는 그의 저서 《난문쾌답》에서 인간을 바꾸는 방법은 '시간을 달리 쓰거나 사는 곳을 바꾸거나 새로운 사람을 사귀는 것', 이 세 가지뿐이라고 했다. 이게 아니면 인간은 절대 바뀌지 않으며, 그 상태에서 새로운 결심을 하는 것은 무의미한 행위라고 역설했다.

옆문 전략의 성공 여부도 적절한 환경 조성에 달려 있다. 이는 마치 건축물을 짓기 전 지반을 다지는 것과 같다. 땅이 튼튼하지 않으면 아무리 유능한 건축가가 뛰어난 설계도를 가지고 작업해도 소용없다. 어찌어찌 건물을 완공했다 하더라도 이는 언제 무너질지 모르는 위험한 구조물에 불과할 뿐이다.

옆문 전략도 이와 다르지 않다. 아무리 훌륭한 계획을 세웠더라도 먼저 그것을 실행하고 지속하는 데 적절한 환경을 만드는 것이 중요하다. 건축가가 건물의 특성에 맞게 지반을 다지고 정원사가 식물을 심기 전에 땅을 고르듯이 목표에 맞춰 환경을 최적화해야 성공적으로 옆문을 열 수 있다.

물리적·심리적 환경을 만들어라

3년 전, 약 10kg 가까이 체중이 늘었다. 만삭 때도 8kg 찐 게

3 메이킹: 옆문 오프너의 탄생

169

다녔는데 아기도 양수도 없이 그렇게나 몸이 불었다. 팬데믹으로 외출이 줄면서 헐렁하고 편한 옷만 입고, 모두가 잠든 밤 홀로 만끽하는 야식의 황홀함과 달콤한 유혹을 어쩌하지 못했다. 거울을 피하고 체중계도 멀찌감치 치워버렸다. 그러다 어느 순간부터 외출이 잦아졌는데 맞는 옷이 없었다. 인생 최고 몸무게를 찍고 나서야 비로소, 정말 하는 수 없이, 꾸역꾸역 다이어트를 시작했다. 결혼 직전 드레스를 입기 위해 시도했던 첫 번째 다이어트 이후, 15년 만에 한 결심이었다.

온몸에 찰싹 붙어버린 살을 빼려면 그동안 손 놓았던 운동을 다시 시작하고 식단 관리도 해야 했다. 하지만 빵이나 튀긴 음식이라면 자다가도 벌떡 일어나는 먹성을 가진 나였다. 스스로 먹는 걸 조절하고 참을 자신이 없었다. 그래서 일단 '선언'부터 했다. '해버렸다'는 표현이 더 정확하겠다. 가족들 시선도 때때로 남의 시선이라 여기는 내게 이는 가장 효과적이지만 한편 두렵고 싫은 방법이었다. 하지만 스스로 친 배수의 진은 나를 감시하는 동시에 지지하는 환경을 만들었고, 체중 감량으로 가는 결정적인 첫걸음이 됐다.

살을 빼겠노라고 선언한 후, 곧바로 가까운 체육관에 등록했다. 지각이나 결석을 하면 자동으로 벌금이 결제되는 시스템으로 운영되는 곳이었다. 아침 일찍부터 고강도 운동을 하다 보니 자연스레 취침 시간이 조금씩 당겨졌고, 야식 횟수와 양도 줄었다. 가기 싫어하는 몸뚱이를 억지로 끌고 가서 땀 흘려 운동한 게 아까워서라도 그럴 수밖에 없었다. 그전엔 아무 생각 없이 입에 넣었던 달고 짠 간식도 멀리했다. 애써 외면하던 거울을 자주 들여다보게 되고, 체중계 숫자가 크게 변하지 않았지만 적어도 '눈바디' 상으로는 몸이 서서히 원래대로 돌아오는 느낌이 들었다. 어릴 때 밥상을 졸졸 따라가며 남은 곰국 국물을 들이켜던 내가 음식을 줄인다는 것, 채소를 주식으로 한다는 것 자체가 결코 쉽지 않은 일이었다. 조금 과장하면 인생의 낙과 즐거움을 송두리째 내주는 기분이었다.

하지만 그 덕에, 건강에 무리를 주지 않고 8kg을 감량하는데 3개월이 걸렸다. 다이어트에 대한 불타는 의지만으로는 결코 불가능했을 일이다. 의지에 더해 이를 실천할 강제 장치와 시스템이 성공적인 체중 감량의 핵심 비결이었다.

이렇게나 장황하게, 그리고 구체적으로 내가 살 뺀 이야기를 늘어놓은 데는 이유가 있다. 다이어트든 옆문 전략이든 지속적 실천이 가능한 환경 조성이 중요하다는 점을 강조하고 싶었다. 옆문 전략이라는 것이 삶에 유용한 줄 알겠고, 이제 제대로 활용해 보겠노라고 다짐했다 해도 일상에서 지속하기란 쉽지 않다. 노력의 결과가 나타나기까지 꽤 긴 시간이 필요하기에 더욱 그렇다. 새해 결심이 늘 실패하고 다이어트가 항상 **"내일부터!"**가 되는 이유도 이와 다르지 않다. 목표 달성에 걸맞은 환경을 세심하게 정비하고 관리하는 일은 아무리 강조해도 지나치지 않다.

자신이 떡을 써는 동안 아들에게 책을 읽게 한 한석봉의 어머니도, 교육을 위해 수차례 이사를 마다하지 않은 맹자의 어머니도 자녀가 학습에 전념할 환경을 제공하고자 했다. 오늘날 강남 대치동의 모습도 이와 다르지 않다. 정부의 다양한 대책에도 이 지역 학원가는 1년 내내 불야성을 이룬다. 학원 주변 집값이 천정부지로 치솟는데도 빈집이 없어 난리다.

고요한 산사에서 수행하는 스님들, 외곽 지역에 있는 단식원을 찾는 이들, 조용한 작업 공간을 필요로 하는 작가들 모두 자신의 목표를 이루는 데 가장 적합한 환경에서 집중하고 몰입함으로써 더 나은 결과를 얻고자 한다. 최근 유행한 미라클 모닝이나 러닝 모임도 같은 맥락이다. 이들 활동의 핵심은 단순히 일찍 일어나거나 떼 지어 달리는 것에 그치지 않는다. 공통된 목표를 가진 이들이 모여 서로에게 긍정적인 영향을 주는 환경을 조성하고, 그 과정에서 시너지를 만드는 게 핵심이다.

함께하고 지지하는 응원군

"Hello, everyone! How's it going?"

2022년 초부터 약 4개월간 매일 업로드했던 유튜브 영상의 첫 인사말이다. '딱 2분 영어'라는 채널을 개설해 영어 회화 표현 100가지를 소개했다. 새해를 맞아 새로운 것에 도전해볼까 하는 호기심으로 시작했기에 언제 관둬도 이상한 일이 아니었다. 그래서 아마존에서 10~15달러면 샀을 녹음용 마이크 하나 없이 버텼다. 영상 편집도 무료 애플리케이션만 사용했다.

그런데 식상한 교과서 표현 대신 생생한 현지 영어 표현을 알려줘서 고맙다며 댓글을 남기는 이들이 생겼다. 연예인도 유명 인플루언서도 아닌 내 영상을 매일 기다리고 고대한다는 구독자가 700명을 넘어섰다. 해보고 못 하겠으면 그만둔다는 가벼운 마음으로 시작했다가 결국 주말, 휴일도 없이 단 하루도 빠지지 않고 영상 140여 개를 업로드하게 됐다.

만약 내가 만든 영상으로 평생 처음으로 영어 공부를 하게 됐다는 이가 없었다면, 영상이 업로드되는 시간에 맞춰 스터디 모임을 진행한다는 이들이 없었다면, 장담컨대 동영상 10개도 채 완성하지 못하고 슬그머니 끝내버렸을 게 분명하다. 비록 2~3분 길이의 영상이지만 준비하는 데는 2~3시간 혹은 그 이상의 노력이 필요한 고된 작업이었다. 이를 혼자만의 의지와 다짐만으로는 계속 이어가지 못했을 것이다. 100만, 200만 유튜버가 즐비한데 구독자 1,000명도 넘기지 못했으니 객관적인 기준으로는 실패일지 모른다. 하지만 나에겐 뿌듯하고 자랑스러운 성취였다. 이 경험을 통해 나는 환경의 중요성과 영향력을 다시 한번 깊이 깨달았다. 구독자들의 응원과 기대가 꾸준하게 할 수 있는 환경이 되어주었고, 그게 없었다면 내 호기로운 도전은 시작과 동시에 끝났을지도 모른다.

목표 달성을 위한 환경 조성 범주에는 물리적 공간뿐만 아니라 주변 사람들, 그들과의 상호작용, 그로 인해 형성되는 분위기 등이 모두 포함된다. 난관에 봉착하거나 기존 방식으로는 문제를 해결할 수 없을 때, 주저 없이 새로운 접근법으로 상황을 개선하려는 적극적이고 진취적인 마인드를 가진 이들과 함께할 때 더 멀리, 더 오래 나아갈 수 있다. 그런 사람들과 자주 어울리고, 그게 여의치 않으면 최소한 가까이에라도 있어야 긍정적인 사고방식과 에너지가 조금이라도 전이된다. 무언가 시도하려 할 때마다 딴죽을 걸거나, 부정적인 반응을 보이거나, 친하다는 이유로 조롱 섞인 비난을 아무렇지 않게 하는 무리가 주변에 있다면 반드시 '거리 두기'가 필요하다.

이렇다 할 대안이나 해결책 없이 그저 '정문'만 고집하는 이들, 또는 옆문을 꼼수나 치사한 행위로 치부하며 비꼬거나 비웃는 이들과 지내다 보면, 자기도 모르게 수동적이고 패배적인 태도에 전염된다. 부정적인 반응으로 의지를 약화시키거나 걸림돌이 되는 이들과는 의식적으로 멀어져야 한다. 부모님이나 피를 나눈 형제자매일지라도 말이다.

환경이 바뀌면 행동이 바뀌고, 행동이 바뀌면 결과가 따라온다. 이는 다이어트든, 운동이든, 공부든, 옆문 전략이든 예외 없이 적용된다. 이제 막연한 결심은 접어두고 성공할 수밖에 없는 환경을 만들어보자. 그것이야말로 목표를 달성하기 위한 유일무이한 전략이다. 인간의 의지력은 유한하지만 잘 설계된 환경의 힘은 무한하다.

사족이지만, 나는 그새 또 야금야금 살이 쪘다. 또 한 번의 '선언'이 필요해진 시기인 것 같다.

도전으로
완성하는
미래라는 퍼즐

인생은 거대한 퍼즐 판과 같아서, 우리는 매일 새로운 경험의 조각들로 그 판을 채워나간다. 각각의 조각이 언제 어떻게 연결될지, 궁극적으로 어떤 그림을 완성할지 미리 알 수 있는 사람은 없다. 그러나 한 가지 확실한 것이 있다. 필요 없는 조각, 즉 쓸모없는 경험은 없다는 것이다. 아무리 작고 하찮아 보이는 조각이라 할지라도 그것 없이는 퍼즐 판을 완성할 수 없다.

따라서 모든 경험을 소중히 여겨야 한다. 당장은 불필요해 보이는 노력의 시간들, 실패로 여겨졌던 순간들, 심지어 의미를 찾기 힘들었던 고난의 날들까지도 말이다. 이 모든 것들이 우리 안에 경험 지식으로 쌓여 언젠가 옆문을 여는 데 요긴하게 쓰일 무언가가 된다. 하나하나의 경험이 모두 미래를 빚어가는 귀중한 퍼즐 조각임을 인식할 때, 우리는 삶의 모든 순간을 의미 있고 긍정적으로 받아들일 수 있다.

"You can't connect the dots looking forward; you can only connect them looking backwards. So you have to trust that the dots will somehow connect in your future."

(앞을 내다보며 점들을 연결할 순 없습니다. 오직 뒤를 돌아보며 점들을 연결할 수 있죠. 그러니 여러분은 그 점들이 미래에 어떻게든 연결될 거라고 믿어야만 합니다.)

스티브 잡스가 2005년 스탠퍼드 대학 졸업식 연설에서 한 이 말은, 20년 가까이 지난 지금까지도 여전히 깊은 울림을 준다. '어떻게든, 어떤 형식으로든' 연결될 것이라는 의미의 'somehow'라는 표현이 특히 마음에 와닿는다. 당장 눈앞의 문이 열리지 않더라도, 우리의 모든 경험과 도전, 노력이 결국에는, 어떤 형식으로든, 또 다른 문을 열어줄 것이라는 희망과 믿음을 주는 것 같아서다.

쓸데없는 짓의 쓸모

베트남에 살 때, 나는 굳이 베트남어를 배울 필요가 없었다. 한국인들이 모여 사는 곳에서 생활했고, 많은 현지인이 영어나 한국어를 무리 없이 구사했기 때문이다. 그럼에도 나는 베트남어 중급 자격증에 도전했다. 공부 기간을 단축하려고 반년이 넘게 매일 새벽 3시까지 방대한 양의 숙제와 씨름했다. 주변 사람들은 의아해했다. 베트남에 오래 머물며 취업이나 사업을 할 것도 아니고 곧 다른 나라로 떠날 텐데 왜 굳이 고생하냐고 말이다. 사실 당시 연년생 남매 육아만 해도 벅찼기 때문에 틀린 말은 아니었다. 하지만 '지금, 여기'가 아니면 다시는 베트남어를 제대로 배울 기회가 없을 것 같았다. 나중에 후회할 것 같았다.

다행히 노력 끝에 베트남어 중급 자격증을 취득했다. 서른이 넘어 새로운 언어를 현지인 수준으로 습득한 경험은 내게 큰 자신감을 심어줬다. 하지만 당시에는 개인적인 성취였을 뿐 그밖에 크게 달라진 건 없었다. 그러다 베트남을 떠난 후에 이 경험의 실용적 가치를 체감하게 됐다.

베트남 청년들이 K-팝, K-드라마, K-영화 등의 영향을 받아 한국어를 배우는 경우는 흔하지만, 그 반대는 드물다. 그래서

인지 베트남어로 대화가 가능하다는 사실만으로도, 세계 어디서든 베트남 사람들과 금세 친해질 수 있었다. 한 행사에서 만난 베트남 대사 부부는 베트남 말을 할 줄 아는 나를 매우 신기해하며 베트남 명절 행사에 초대했고, 단골 베트남 식당에서는 메뉴에도 없는 특별 요리를 내어주는 등 각별한 대접과 환대를 받았다. 미국 휴스턴에서 LPAC언어능력평가위원회 위원으로 비영어권 학생들의 영어 실력 향상을 돕는 일을 할 때도 베트남어 공부가 큰 도움이 됐다. 휴스턴 내 베트남 커뮤니티가 커서 특히 유용했다.

쓸데없고 헛수고처럼 보였던 '베트남어 공부'라는 퍼즐 조각이 예상 밖의 장소에서 빛을 발했다. 이를 통해 당장은 눈에 보이는 변화나 결과가 없더라도 새로운 시도와 배움, 인내의 시간들은 어딘가에 차곡차곡 쌓여 있다가 가깝거나 먼 미래에 뜻밖의 열매를 맺는다는 것, 미처 생각지 못한 기회의 문을 여는 열쇠가 된다는 것을 깨달았다. 그렇기에 삶의 모든 순간이 소중하다는 사실과 함께 말이다.

하루는 뉴욕에 사는 친구 H로부터 급히 연락이 왔다. 회사 주요 고객의 고가 보석 쇼핑에 동행하게 됐는데, 추천할 만한 세일즈 매니저가 있는지 물었다. 당시 휴스턴에 있던 내가 뉴욕 맨해튼의 고급 보석 매장 직원을 알 리 없었다. 다만, 구입

목적이 선물이라면 면세가 가능할지 모르니 결제 전에 한번 물어보는 게 어떻겠냐고 제안했다. H는 코웃음을 쳤다. 100달러 미만의 향수도 사치품으로 분류돼 꼼짝없이 세금이 붙는데 1억 원이 넘는 고가의 보석이 어떻게 면세가 되겠느냐고 말이다.

며칠 후 H가 흥분한 목소리로 다시 전화를 했다. 속는 셈 치고 물어봤더니 정말로 면세가 되어 1만 달러가 넘는 금액을 절약할 수 있었다면서, 고객은 물론 회사에서도 크게 인정받았다고 했다. 평생 충성하겠다고 호들갑을 떨며 나를 추켜세웠지만, 사실 내가 고가의 보석도 면세나 할인을 받을 수 있다는 것을 알게 된 계기는 하등 쓸모없을 것 같았던 과거 경험에 있었다.

학창 시절, 부모님은 '쓸데없는 짓'하지 말라는 말씀을 자주 하셨다. '학업이나 취업에 직접적으로 도움이 되지 않는 모든 활동'을 경계하라는 의미였다. 말씀의 의도를 충분히 이해했기에 최대한 따르려고 했지만, 죄송하게도 대학생이 된 이후로는 이런저런 '쓸데없는 경험'을 많이 했다. 당시 한국·일본 네일 협회장의 제안으로 우연히 시작한 네일 모델 활동도 그중 하나였다.

처음에는 망설였다. 손가락이 길긴 했지만 손톱이 예쁘다는 말은 한 번도 들어본 적 없었고, 오히려 투박하고 큰 손이 항상 콤플렉스였기 때문이다. 하지만 용기를 내어 도전했고, 이 경험은 내게 새로운 세계를 선보였다. 평생 한 번 갈까 싶던 패션쇼나 파티에 초대받아 가게 됐고, 낯선 분야에 종사하는 다양한 이들과 자연스레 교류할 수 있었다. 이때 보고, 듣고, 접한 많은 것이 네일 모델 활동을 종료한 후에도 여러 방면에서 큰 도움이 됐다. 고가의 보석류가 면세 대상이 될 수 있다는 것도 그때 알았다.

'쓸데없는 경험'이란 존재하지 않는다. 소싯적 아르바이트 얘깃거리에 불과할 거라 여겼던 경험이 훗날 친구의 업무에 큰 도움이 되었듯이, 당장은 무의미해 보이는 경험도 언젠가는 진가를 발휘한다. 그러니 새로운 기회가 찾아오면 주저 말고 도전하자. 부질없어 보이는 일일지라도 시작하면 어떻게든 길이 열리고, 그 과정에서 얻는 것들은 생각으로만 그칠 때보다 훨씬 값지다.

앞서 언급했듯이 우리 인생은 하나의 커다란 퍼즐 판과 같아서 언뜻 무관해 보이는 경험들도 하나의 조각이 되어 전체 그림을 완성한다. 스티브 잡스의 말처럼, 미래를 내다보며 점들을 잇기는 어렵지만 뒤돌아보면 그 연결 고리가 선명해진다. 모든 경험이 의미 있게 얽혀 우리의 미래를 만들기에 성공의 순간은 물론 실패와 시련까지도 중요한 역할을 한다.

그러므로 모든 순간, 모든 경험을 소중히 여기고 새로운 도전 앞에서 망설이지 말자. 도전하는 모든 과정은 값지게 남는다. 오늘의 사소한 시도와 경험이 내일의 핵심 조각이 되고, 그 조각들이 모여 인생을 아름다운 걸작으로 완성할 것이다.

경험과 연륜은 기회의 보물 창고

많은 사람이 옆문 전략을 소위 '젊은이'들의 전유물로 여기지만 이는 오해다. 옆문 전략에는 나이가 상관이 없다. 어떻게 접근하느냐에 따라 오히려 중장년 또는 노년층에게 더 강력하고 훌륭한 무기가 될 수 있다. 풍부한 경험과 연륜을 가진 이들에게 옆문은 새로운 기회의 보고寶庫다. 청년들이 열정과 패기로 정문을 두드릴 때, '경험 재벌'인 중장년이나 노년층은 지혜와 통찰력으로 옆문을 열어젖힐 수 있다.

"나이 들어서 뭘 새로 시작해?"

"이제는 좀 늦었지."

"어차피 젊은 애들 못 따라가."

이런 생각을 한 적이 있다면, 이제 나이 걱정은 접어두자. 문을 열기에 너무 많은 나이는 없고, 너무 늦은 때란 존재하지 않는다.

이는 일반적인 통념과는 다소 거리가 있긴 하다. 우리 사회는 대개 '빠른 시작'의 중요성을 강조하기 때문이다. 기업 세계에서는 특히 더 그렇다. 미국 마케팅 전문가 알 리스Al Ries와 잭 트라우트Jack Trout가 공동 집필한 《마케팅 불변의 법칙》에서는 '선도자의 법칙'을 강조한다. 이는 시장에 가장 먼저 진입한 브랜드나 기업의 경쟁력이 더 크고 강하다는 개념이다. 제품을 완벽하게 구현하려고 보완을 거듭하며 출시 시기를 늦추는 것보다 다소 미흡하더라도 빠르게 시장에 내놓아야 한다는 주장이다. 즉 더 좋은 것보다는 맨 처음 것이 낫다는 이야기다.

이 책은 출간한 지 30년이 지났지만 여전히 많은 기업과 마케터들에게 귀감이 되고 있고 실제로 많은 기업이 이 원칙을 따라 성공을 거두었다. 2024년 초 삼성전자가 전 세계 최초로 AI를 탑재한 휴대폰을 출시한 후 점유율이 크게 증가한 것이 좋은 예다. 코카콜라, IBM, 질레트, 우버 등의 글로벌 기업들, 그리고 국내의 카카오, 네이버, 현대자동차, 삼성 등도 앞선 시장 진출로 탄탄한 기반을 다진 케이스다.

옆문은 빨리 찾는 것보다
적절한 타이밍에 찾는 게 중요

시장 선발 주자는 개척자로서의 이점을 누린다. 먼저 진출했으니 고객의 이목을 끌기 쉽고 시장 점유율은 물론 그에 따른 순이익을 높이는 데도 유리하다. 그러나 '처음'이 항상 '최고'의 결과를 보장하는 것은 아니다. 선발 주자는 시장을 개척하면서 많은 시행착오와 여기에 따른 비용을 감수해야 한다. 경쟁자들의 추격도 신경 써야 한다. 반면 후발 주자는 선발 주자가 닦아놓은 길을 따라가며, 시행착오를 줄이고 그에 따른 비용도 절감하는 등 보다 더 효율적으로 시장에 진입할 수 있다. 선발 주자가 놓친 틈새시장을 공략할 수 있는 기회 또한 챙길 수 있다.

후발 주자의 이점은 중장년이나 노년층에게도 그대로 적용된다. 옆문 전략을 추구할 때 젊은 세대보다 늦게 출발하고 더디게 찾아가더라도 '너무 늦지 않았을까?' 하는 불안감을 가질 필요가 없다. 결론적으로는 쓸데없는 염려일 뿐이다. 단순히 빠르게, 한 살이라도 젊을 때 시작하는 것이 중요한 게 아니다. 자기에 맞는 고유의 기회를 찾아 적절한 타이밍에 진입하면 된다. 왜? 일단 옆문에는 인원 제한이 없다. 대학 입학 정원이나 엘리베이터 탑승 인원처럼 미리 정해진 수가 없다. 수가 줄었다가 갑작스레 늘거나 일시적으로 정체될 수 있다. 그래서 미리 예측하거나 대비하기 어렵다. 또 하나, 옆문에는 '전관예우'가 적용되지 않는다. 이전에 한 번 열었다고 해서 이후로 프리패스는 아니라는 말이다. 옆문의 위치나 주변 상황은 지속적으로 변한다. 그래서 누구나 다시, 새로 시작해야 한다. 따라서 선두 주자와 후발 주자 간 차이가 없다. 늦게 시작했다고 불리하다고 생각할 이유가 없는 것이다.

중장년이 열 수 있는 다각도의 옆문

일단 결심하고 시작만 하면, 옆문 열기는 중장년층과 노년층에게 유리한 게임이 될 수 있다. 그들은 옆문 전략 활용에 독보적인 강점을 지니고 있다. 수십 년에 걸쳐 축적한 풍부한 인생 경험과 업무 노하우, 그리고 오랫동안 형성된 광범위한 인맥은 옆문을 발견하고 열어가는 데 귀중한 자산이 된다. 다양하고 복잡한 상황을 겪으며 체득한 깊은 통찰과 삶의 지혜, 그리고 이를 바탕으로 한 성숙한 판단력은 옆문과 뒷문을 명확히 구분하고 잠재적 리스크를 안정적으로 관리하는 데 큰 도움이 된다. 최근 베이비붐 세대를 중심으로 한 중장년 및 노년층의 '평생 현역' 추세가 두드러지고 있는 점도 이를 뒷받침한다.

2024년 초 이중근 부영그룹 회장이 화제의 중심에 섰다. 직원 출산 시 축하금 1억 원을 지원하겠다는 파격적인 발표로 저출산 극복을 위해 나섰기 때문이다. 이에 다른 대기업들도 동참하는 분위기다. 더욱 주목할 만한 점은 그가 최근 고려대학교에서 법학박사 학위를 취득했다는 사실이다. 83세의 나이에도 **"배움에는 끝이 없다"**며 공부에 매진한 그의 모습은 나이가 단지 숫자에 불과함을 다시 한번 일깨워준다.

이길여 가천대학교 총장의 경우를 보자. 그녀는 90세가 넘는 나이가 무색하게 여전히 넘치는 열정과 에너지로 많은 이들의 귀감이 되고 있다. 가수 싸이의 말춤을 추는가 하면, 오랜만에 만난 후배들과 옛 추억을 나누는 대신 인공지능AI, 챗GPT 등 최신 트렌드를 두고 열띤 토론을 벌인다. 여전히 10여 종의 신문을 구독하고 여러 채널의 TV 뉴스도 꼼꼼하게 챙긴다. 미래를 읽어내는 그녀의 능력이 신기하리만큼 탁월한 이유다. 세상이 여전히 궁금함 투성이라는 그녀의 끊임없는 호기심은 그녀를 '평생 현역'으로 만드는 원동력이다.

옆문을 열기 딱 좋을 때

나이를 아랑곳하지 않고 계속해서 도전을 이어가는 사람들이 점점 많아지는 추세지만, 옆문 전략이 성공하려면 특별한 노력이 필요하다. 풍부한 경험과 넓은 인맥, 그리고 깊은 통찰력만으로 모든 문을 열 수는 없다. 운 좋게 선발 주자나 개척자 그룹에 속할 때도 있겠지만, 때로는 '진짜 너무 늦었다!' 싶을 때 시작하게 되는 경우도 분명 있을 것이다. 이는 나이와 무관하게 모든 연령층에게 해당하는 사실이다.

중요한 것은 신체 나이가 아니다. 어떤 태도로 도전에 임하느냐의 문제다. '에이, 너무 늦어버렸네!' 하며 시작조차 하지 않는 사람과 '늦었지만 일단 출발해보자!'라고 마음먹은 사람의 차이는 시간이 지나면서 반드시 드러나기 마련이다.

애나 메리 로버트슨 모지스Anna Mary Robertson Moses는 미국 출신 화가다. 88세에 '올해의 젊은 여성'으로 선정되었으며 93세에는 〈타임〉 지 표지 주인공이 됐다. 《인생에서 너무 늦은 때란 없습니다》라는 수필집을 출간하기도 한 그녀가 처음 그림을 그리기 시작한 건 76세 되던 해다. 그 후 101세까지 수많은 작품으로 전 세계 많은 이를 감동시켰다. 일본의 와카미야 마사코Masako Wakamiya 할머니도 특별한 이야기를 갖고 있다.

그녀는 60세 즈음 처음 컴퓨터를 접한 후, 80대에는 직접 만든 스마트폰 애플리케이션을 출시했다. 청년들도 쉽지 않은 일이다. **"결심하는 시간조차 아깝다"**며 뭐든 '지금 당장' 시작하라고 조언하는 그녀는 요즘 일본 전역을 누비며 세계 최고령 프로그래머이자 콘텐츠 크리에이터로서 제2의, 제3의 인생을 살고 있다.

인도 시인 라빈드라나트 타고르Rabindranath Tagore를 아는가? 그는 일본 식민 지배 시절 〈동방의 등불〉이라는 시로 우리 민족에게 큰 위안과 격려를 주었다. 그래서 많은 사람은 타고르가 시인인 줄만 안다. 하지만 그는 화가이기도 하다. 70세가 되던 해에 처음으로 붓을 든 후 노년 대부분을 그림 그리는 데 몰두한 인도 근대 회화의 선구자다.

너무 늦은 때란 존재하지 않는다. 늦은 것 같다고 느껴지는 지금도 여전히 이르다. 《톰 소여의 모험》을 쓴 미국의 소설가 마크 트웨인Mark Twain은 **"앞서가는 방법의 비밀은 시작하는 것이다"**라고 했다. 중요한 건 시작 그 자체다. 물론 시작한다고 해서 문이 술술 열리고 성공 가도에 접어들게 되는 것은 아니다. 하지만 시작하지 않으면, 시도하지 않으면 성공할 가능성은 아예 없다. 옆문을 열기에 늦은 것 같다고 손톱을 깨물고 걱정하는 시간에 '그냥', '지금 당장' 시작하자. 옆문을 열기 딱 좋은 때는 바로 지금이다.

"It's never ever too late!"

(결코 늦지 않았다!)

너무 늦은 때란 없다. 여전히 당신은 옆문을 열어도 좋다. 늦었다고 해도 상관없다. 원래, 늦바람이 더 무서운 법이다.

4장

액션 **옆문 전략의
아홉 가지
방법론**

"완벽한 기회란 없다.
완벽하지 않더라도 완료하는 것이 낫다."

셰릴 샌드버그(전 페이스북 COO)

하나,
명료하게
말과 글을 전달하라

옆문 전략의 성공 여부는 자신의 의견을 얼마나 분명하고 설득력 있게 전달하느냐에 달렸다. 이를 위해서는 논리적으로 생각하고 표현하는 것이 중요한데, 여기서 말보다 글의 역할이 두드러진다. 글이 말에 비해 더 논리적이고 명확한 전달이 가능하기 때문이다. 글은 단순한 표현 수단을 넘어 생각을 체계적으로 정리하고 구조화하는 데 도움을 준다. 또한 글은 말보다 신중하고 정제된 표현을 가능하게 한다. 특히 설득이나 협상이 필요한 경우, 자기 생각과 전략을 미리 글로 정리하는 게 좋다. 글을 통해 보완된 논리는 강한 설득력을 갖추게 돼 자기 의견을 명확하게 전달할 수 있게 한다. 옆문 전략의 성공에 글이 중요한 역할을 하는 이유다.

미국의 저명한 언론인이자 정치 평론가인 월터 리프먼Walter Lippmann은 **"사람들은 글을 쓰기 전까지는 자신이 무엇을 생각하는지 모른다"**고 말했다. 퓰리처상을 두 차례나 수상한 리프먼의 이러한 통찰은 글쓰기 행위의 본질을 꿰뚫는다. 글쓰기가 생각을 표현하는 수단에서 그치지 않고 생각을 만들고 정리하고 발견하는 고차원적 과정임을 잘 설명한다. 옆문을 열기 위해 새로운 아이디어가 필요할 때, 펜을 들어 글을 써보는 것이 해답이 될 수 있다. 그 과정에서 창의적인 해결책이 나오는 경우가 적지 않다.

논리적인 '글'을 '말'의 재료로 삼아라

서울 신림동과 노량진에서 공무원 면접 컨설팅을 진행할 때의 일이다. 공무원으로 가는 마지막 고비인 면접 전형을 앞둔 이들이 나를 찾은 이유는 단 한 가지. '말'을 잘하고 싶어서였다. 200명이 넘는 1차 필기시험 합격자들은 하나같이, 마치 미리 짜기라도 한 것처럼 '소심하고 말주변이 없어서' 면접을 잘 볼 수 있을지 걱정이라고 했다.

일단 자기소개서를 써 오라고 했다. 자기소개서는 공무원 면접뿐 아니라 대기업, 중소기업, 대학 입시 등 모든 면접의 기본이 되는 주요 요소다. 서류 심사와 필기시험을 통과한 지원자는 실력이 엇비슷하다. 다른 지원자와 구별되려면 자기소개서를 잘 준비해야 한다. 자기소개서는 말 그대로 자기를 알리는 안내서고 내비게이터다. 채용 담당자나 면접관은 대개 지원자가 제출한 자기소개서를 기반으로 질문을 던진다. 아무리 운전을 잘한다고 말해도 면허가 없거나 목적지로 가는 길을 모르면 소용이 없다. 마찬가지로 아무리 '말주변'이 좋아도 제대로 된 자기소개서가 없으면 면접관은 지원자의 역량이나 경험, 태도 등을 제대로 파악하기 어렵다.

수험생들이 제출한 자기소개서를 읽고 또 읽었다. 성실함을 갖춘 친구들이니 최선을 다했을 것임에는 의심의 여지가 없었다. 수년간의 시간과 노력, 비용을 들여온 중요한 일을 매듭짓는 일을 건성건성 했을 리 없으니 말이다. 공들인 흔적이 역력했다. 그런데 아무리 집중해서 읽어도 이해하기 어려운 글이 다수였다. '말'을 못해 걱정이라던 똑똑하고 착실한 모범생들의 자기 성찰이 틀렸다는 것을 깨닫는 데는 오랜 시간이 걸리지 않았다. 필기시험 합격을 위해 오랜 기간 책을 읽고 문제를 푸는 것에만 집중하느라 '말'을 조리 있게 할 계기가 많지는 않았을 거다. 그래서 '말을 잘 못한다'는 것도 상당 부분 맞았다. 하지만 더 큰 문제는 따로 있었다.

　시원하고 얼큰한 국물의 해물탕을 끓이려면 신선한 해산물이 가장 중요하다. 유명 셰프의 조리 기술이나 현대적인 주방 시설, 최신 조리 도구도 갖추어야겠지만 풍미와 맛을 살리는 핵심은 역시 재료다. 알이 꽉 찬 꽃게, 살이 오른 새우, 신선한 제철 굴, 탱글탱글한 가리비 같은 질 좋은 해산물이야말로 맛있는 해물탕의 비결이다.

　자기소개서도 마찬가지다. 평소 말을 꽤 잘하는 사람도 제 실력을 발휘하기 어려운 곳이 면접장이다. 긴장한 상태에서도 흔들림 없이 조리 있게 자기 생각이나 의견을 잘 표현하는 게 중요하다. 화려한 언변이나 피부에 착 붙은 메이크업, 몸에 꼭 맞춘 고급 정장은 그 다음이다. 해물탕의 해산물이, 육회의 소고기가 그렇듯 자기소개서에서도 '나'라는 사람을 구성하는 원재료가 가장 중요하다. 아버지가 엄하시고 어머니는 근검절약하셨고 형, 누나는 어느 회사에 다니고 있다는 내용이 아니라, '나'는 왜 공무원이 되고 싶은지, '나'의 어떤 성향이나 특성이 공무원을 하기에 적합한지, 어려운 상황에 맞닥뜨렸을 때 '나'는 어떻게 헤쳐 나갈 건지, 국가와 조직에 '나'는 어떻게 기여하는 인재가 될 건지 등의 내용이 잘 드러나야 한다.

　대중 앞에 서는 일이 직업인 사람들도 긴장하면 떨게 된다.

하물며 수험생은 어떨까. 오랜 노력과 준비가 한순간에 물거품이 될지도 모른다는 불안과 걱정으로 면접장에 들어가기도 전에 얼어버린다. 그래서 자기가 자기에 대해 쓴 글, 즉 자기소개서를 면접의 '말 재료'로 삼는 것이 무엇보다 중요하다. 여러 번의 수정과 보완을 거친 논리적인 글이 '말 재료'가 되면, 자신감이 생긴다. 긴장해서 말을 더듬거나 발음이 다소 명확하지 않아도 큰 문제가 되지 않는다. 내용이 탄탄하기만 하면 전하고자 하는 메시지는 인상적이고 강하게 남게 마련이다. 칼이 다소 무뎌도, 웍이 좀 낡았어도, 갖가지 재료가 싱싱하고 맛있으면 해물탕 국물이 진하고 풍부한 맛을 낼 수밖에 없는 것처럼 말이다.

수험생들은 말 못하는 걸 걱정할 때가 아니었다. 하고 싶은 말과 생각을 정리한 '글'을 준비하는 게 급했다. 배우고 익히는 데 능숙한 사람들이라 그런지 피드백을 빠르게 참고해 여러 차례 자기소개서를 수정했다. 설득력 있는 메시지가 말 재료가 되니 말주변도 눈에 띄게 좋아졌다. 만족스러운 면접이 최종 합격으로 귀결된 것은 너무도 당연했다.

'말'의 한계를 극복하는 '글'

정문이 열리지 않을 때, 기존 방식으로 문제 해결이 어려울 때, 새로운 시각과 접근법으로 당면한 과제를 해결하는 것이 옆문 전략의 핵심이다. '안 된다', '어렵다'고 말하는 상대를 설득해 원하는 결과를 취하는 것이 그 목표다. 이를 위해 자기 생각, 의지, 계획 등을 명료하게 전달하는 것이 무엇보다 중요한데, 이때 '말'보다는 '글'이 더 효과적인 수단이 된다.

말은 전달되는 과정에서 변질되기 쉽다. 실제 내용이 그대로 전달되기보다는 왜곡, 변형, 과장, 축소될 가능성이 훨씬 크다. 녹음이나 영상으로 기록하지 않는 한, 말을 토씨 하나 틀리지 않고 완벽하게 전달하는 것은 거의 불가능하다. 더욱이 듣는 사람은 저마다의 생각과 판단 체계를 통해 정보를 받아들이는데 이때 무의식적으로 수많은 필터가 작동한다. 자기 관점, 신념, 경험에 따른 선입견, 대상에 대한 개인적인 감정이나 판단에 따라 메시지를 재해석하는 것이다.

사람들의 성향과 가치관은 실로 다양하다. 커피 음료를 즐기는 이가 있는가 하면 끔찍하게 싫어하는 이도 있다. 피부 건강을 위해 꼬박꼬박 선크림을 바르는 사람이 있는 반면, 피부는 그저 타고날 뿐이라며 아예 사용하지 않는 이도 있다. 가족에 대한 책임과 부모에 대한 효를 최우선으로 여기는 이들도 있지만 개인의 자아실현을 더 중시하는 이들도 많다. 안정적인 직장을 선호하는 이가 있는 한편 위험을 감수하고서라도 창업을 꿈꾸는 이도 있다. 환경 보호를 위해 기꺼이 불편을 감수하는 이도 있지만 당장의 편리함을 우선하는 이 또한 적지 않다.

개인의 성향이나 가치관, 경험, 문화적 배경은 천차만별이다. 이러한 차이 때문에 똑같은 말이라도 해석이 달라진다. 결과적으로, 말로 전달한 의도나 생각이 상대에게 그대로, 온전히, 정확하게 전달되기란 불가능에 가깝다.

글은 다르다. 글은 말을 통한 의사소통의 한계를 상당 부분 극복할 수 있다. 최근 SNS와 온라인 매체의 영향으로 말과 글의 경계가 모호해지긴 했지만, 글은 여전히 갑작스레 떠올랐다 사라지는 수많은 생각을 체계적으로 정리하는 탁월한 도구다. 글은 자기 생각을 정돈하고 구조화하는 것은 물론, 상대의 의견을 또렷하게 이해하고 파악하는 데 유용하다. 또 글은 말과 달리 시공간의 제약을 받지 않는다. 말로 대화를 주고받을 때는 상황에 따라, 타이밍이 맞지 않거나 마음의 여유가 없어 충분히 공감하지 못하고 지나치는 경우가 생긴다. 하지만 글은 언제든 다시 검토할 수 있기에 처음에 놓쳤던 부분도 나중에 파악할 수 있다. 오해하기 쉽거나 표현하기 어려운 내용도 글로 작성하면 보다 명확하고 명료해진다.

글을 작가 수준으로 잘 쓰면 더할 나위 없이 좋겠지만, 꼭 그렇지 않아도 상관없다. 글은 그 자체로 힘이 있기 때문에 복잡하게 작성할 이유도 없고, 길게 쓸 필요도 없다. 간결하고 정확하게만 쓰면 된다. 그걸로 충분하다. 오히려 짧고 간단한 글이 더 강렬한 인상을 남기기도 한다. **"Less is more**(적을수록 많다)**"**라는 말처럼, 때로는 짧은 글이 더 큰 울림을 준다. 꽃다발에 꽂힌 작은 카드 한 장이나 도시락 뚜껑 위의 메모가 장황한 편지보다 더 감동적일 수 있다.

옆문 전략의 성공 비책은 혀가 아닌 펜에 있다. 글로 정제된 생각과 논리가 옆문을 열어주는 강력한 지렛대가 된다는 사실을 상기하자.

둘,
기록과 데이터로
근거를 마련하라

"여러분! 오늘을 기록하지 말고, 기억하세요!"

'콘서트의 신'으로 불리는 가수 싸이가 공연 시작 전 외치는 이 한마디에는 관객들이 콘서트 순간에 몰입해 즐기길 바라는 마음이 담겼다. 그는 어디를 가든, 누구를 만나든, 무엇을 하든 '인증'부터 하는 게 습관처럼 되어버린 이들에게 오늘만은 잠시 휴대폰을 내려놓자고 한다. 현장의 감동에 오롯이 빠져들 수 있는 여유를 만들자고 권한다.

하지만 옆문 전략을 활용하려는 사람이라면 싸이의 조언과는 정반대로 해야 한다. 기억과 더불어 기록해야 한다. 그것도 아주 세세하고 꼼꼼하게 말이다. '옆문을 연다'는 건 이전에 없던 새로운 일에 도전하는 것이고, 누구도 가보지 않은 길을 처음으로 걷는 것이다. 옆문 열기는 세심한 준비와 체계적인 실행이 관건인데, 이 과정을 뒷받침하는 토대가 바로 기록이다.

꼼꼼히 기록하다 보면 이전에는 미처 발견하지 못했던 패턴을 발견할 수 있다. 오랫동안 차곡차곡 모아둔 기록에서 뜻밖의 아이디어가 떠오르기도 한다. 작은 것도 놓치지 않고 세세하게 남긴 기록과 데이터는 옆문을 여는 강력한 도구로써 숨겨진 기회와 새로운 가능성을 발견하는 데 결정적 역할을 한다. 오늘날 우리 뇌는 정보 과부하에 시달린다. 나날이 쏟아지는 엄청난 양의 정보를 처리하기란 불가능에 가깝다. 그러다 보니 바로 어제, 오늘 아침 일도 깜빡하기 일쑤다. '기억'이 아닌 '기록'에 의지해야 하는 이유다.

조용하고 강한 기록의 힘

내가 중앙아메리카 파나마에서 지낼 때 일이다. 딸이 국제학교 프리스쿨에 다니고 있었는데 친구에게 괴롭힘을 당했다. 아끼던 목걸이도 빼앗기고 놀이터 그네도 마음대로 타지 못했다. 아이가 선생님께 이 이야기를 했다면 좋았겠지만 스페인어에

서툴러 한국어로만 소통하는 아이의 상황에 선생님들은 선뜻 개입하기 어려워했다. 더욱 충격적인 건 딸을 괴롭힌 그 친구가 했다는 말이었다. 선생님에게 일러봤자 소용없을 거다, 어차피 영어도 스페인어도 못하는 네 말을 누구도 믿지 않을 거다, 만약 일렀다간 앞으로 놀아주지 않겠다고 했다는 것이다. 어린 아이 입에서 나온 말이라고 믿기 힘들었다. 그때는 그 친구가 문제 행동 때문에 학교를 옮긴 적이 있다는 사실을 몰랐다.

화가 치밀었다. 당장 그 아이 집에 가서 딸의 목걸이를 되찾고, 학교 측의 안일한 대처에 항의하고 싶었다. 하지만 딸의 마음은 달랐다. 학교에서 유일하게 한국말을 알아듣는 그 친구를 잃고 싶지 않아 했다. 쉬는 시간에 혼자 남겨질까 봐 두렵다며 내게 절대로 선생님께 말하지 말라고 신신당부했다.

부모로서 너무나 속상하고 답답했지만 딸의 유일한 소통 창구를 내 손으로 없앨 수는 없었다. '시간이 지나면 자연스럽게 언어도 익히고 친구도 생기겠지'라고 느긋하게 생각할 문제도, 기다릴 상황도 아니었다. 방과 후 모임을 주선하고, 친구와 그 부모들을 집으로 초대했다. 딸이 빠른 시일 내에 다른 친구들과 어울릴 환경을 만들어주는 것이 문제를 해결하는 첫걸음이자 대안이라 판단했다.

동시에 기록을 시작했다. 더 정확히는 일지를 작성했다. 친구들과 어떤 대화를 나눴는지, 놀이터에서는 누구와 무엇을 하며 놀았는지, 딸과 그 아이, 또 다른 친구들의 대화와 행동을 구체적으로 기록했다. 그렇게 한 달간 작성한 일지를 학교에 제출했다. 곧바로 교장 선생님과 면담이 잡혔고, 학교는 내 일지를 바탕으로 놀이터, 도서관, 체육관, 식당 등의 CCTV 영상을 확인하며 상황을 분석했다. 교내외 전문가로부터 딸이 괴롭힘을 당하고 있음을 인정받았고 그 후로 문제 상황 발생 시 선생님들이 적극적으로 개입해 딸을 보호했다.

경력, 관계, 자아 등
모든 면에서 도움이 되는 기록

세월이 약이라고, 시간이 지나면 가슴을 후벼 파는 듯 쓰라렸던 감정도 잦아들고 희미해진다. 평생 못 잊겠다 싶던 일도 시간에 희석되면서 왜곡되기 쉽다. 딸이 괴롭힘을 당했을 때도, 격한 감정에 의존했다면 문제를 해결하기 어려웠을지도 모른다. 사실 관계가 헷갈리거나 흐려져 내 주장이 설득력을 잃었을 수 있기 때문이다. 게다가 때와 장소에 따라 말의 내용이나 뉘앙스가 달랐다면 신빙성을 의심받았을지 모른다.

기록은 다르다. 감정의 소용돌이 속에서도 객관성을 유지하기에 시간이 흘러도 확고한 증거가 된다. 딸아이의 일도 그랬다. 학교 정책상 해당 학부모와의 직접 소통이 불가하고, 학생 간 갈등에 학교가 직접 개입하지 않았다. 정면 돌파가 어려운 답답하고 막막한 상황이었다. 그러나 감정을 가라앉히고 '옆문'을 찾자 상황이 달라졌다. 시간과 날짜가 명시된 구체적인 기록은 학교의 적극적이고 신속한 개입을 이끌어냈고, 문제 상황은 빠르게 개선됐다. 한 달간의 기록이 학생 간 갈등에 대한 학교의 전례 없는 개입이라는 옆문을 여는 데 결정적인 역할을 했다.

기록의 효용은 문제 해결에 국한되지 않는다. 인간관계에도 큰 힘을 발휘한다. 특히 일상에서 만나는 사람들의 정보를 꼼꼼히 기록한 메모는 업무 현장은 물론 친교 모임에서도 귀중한 자산이 된다. 현대 사회는 대인관계의 폭이 넓고 만남의 빈도도 높다. 이를 일일이 기억하기란 쉽지 않다. 그러한 상황을 감안하더라도, 이전에 몇 번이나 만난 사람의 이름이나 소속을 제대로 기억하지 못하면 그 사람과 깊은 관계를 맺기 어렵다. 반면 한 번이라도 만난 사람에 대해 기본 정보는 물론 취미나 관심사까지 메모로 남겨둔다면 어떨까. 상대방에게 깊은 인상을 남기고 호감을 얻을 수 있음은 너무도 당연하다.

"호랑이는 가죽을, 사람은 이름을 남긴다"고 했던가. 기억은 흐릿한 잔상을, 기록은 근거와 흔적을 남긴다. 주변에서 일어나는 크고 작은 일을 메모하고 기록하는 습관을 들이자. 글재주가 없어도 괜찮다. 다이어트를 한다면 숫자로 체중만 기록하거나, 매일 같은 자리에서 같은 옷을 입고 사진만 찍어둬도 체중 감량 효과를 알 수 있다. 중요한 것은 생각이나 경험, 사건을 정리하고 기록하는 행위 그 자체다.

우리는 언제, 어디서, 어떻게 옆문을 만나게 될지 모른다. 당장은 사소하고 의미 없어 보이는 정보일지라도, 차곡차곡 기록으로 남기자. 그것들이 우연히 마주친 옆문을 여는 단서가 되고 해결책을 찾아줄 실마리가 될 수 있음을 잊지 말자.

셋,
말보다 행동,
지금 바로 실천하라

2024년 8월에 열린 미국 민주당 전당대회에서 미셸 오바마가 외친 두 단어가 대회장을 뜨겁게 달궜다.

"Do something!" (어떤 행동이든 하라!)

이 말은 원래 카멀라 해리스 부통령의 어머니가 두 딸에게 행동의 중요성을 강조하며 자주 했던 말이라고 한다. 단순한 표현에 불과했지만, 파급력은 엄청났다. 수만 명의 청중이 하나가 되어 연호하는 바람에 연설이 잠시 중단될 정도였다.

미국인도, 미국 민주당원도 아닌 나까지 순간 소름이 돋을 정도였던 이 강력한 메시지는 옆문 전략에도 그대로 적용된다. 아무리 하찮아 보이는 일일지라도 행동하지 않으면 아무것도 변하지 않는다. 반대로 아무리 어렵고 힘들어 보이는 일일지라도 꾸준히 조금씩 행동하면 결국 변화를 만들어낸다. 이것이 바로 무언가를 하는, 해내는, 행동의 힘이다.

말만으로는 늘지 않는다

탄탄하고 건강한 몸을 원한다면 귀찮아도 땀 흘려 뛰고, 해로운 음식을 멀리할 줄 알아야 한다. 시험에서 좋은 성적을 거두려면 만나고 싶은 사람, 가고 싶은 곳, 하고 싶은 일을 참고 일정 기간 집중해서 열심히 공부해야 한다. 이걸 몰라서 못 하는 사람은 없다. 머리로는 알지만 실제로 행동하기가 그만큼 어렵다는 얘기다.

상대와의 소통도 그렇다. 대개 소통은 말로 하는 것으로 생각하기 쉽다. 하지만 즉각적이고 지속적인 행동이 말보다 훨씬 더 강한 메시지를 전달한다. **"나, 너 좋아해"**라는 말보다 추울 때 옷을 벗어서 주고, 늦은 밤 귀갓길을 함께해주고, 이른 아침 직접 만든 생과일주스를 건네는 사소한 행동들이 상대를 좋아하고 아끼는 마음을 분명하게 전해준다. 고맙거나 미안한 마음을 전할 때도 마찬가지다. 물론 아무것도 하지 않는 것보다, 말이라도 하는 게 낫다. 하지만 단 몇 줄이라도 감사의 마음을 글로 쓴 손 카드를 건네는 것이, 즉 용기 내어 마음을 행동으로 표현하는 것이 상대에게 더 강한 인상과 감동을 줄 수 있다. 말에서 생기는 미묘한 뉘앙스 차이로 인한 오해 가능성도 낮출 수 있다.

궁금한 게 있을 때도 마찬가지다. 요즘은 검색이나 채팅 상담만으로 많은 문제를 해결할 수 있다. 하지만 직접 발품을 팔고 다니며 얻은 정보가 훨씬 정확하고 쓸모 있을 가능성이 크다. 그 과정에서 생각지도 못한 고급 정보를 얻거나 행운 같은 인연을 만나기도 한다.

행동의 중요성은 굳이 강조할 필요가 없을 만큼 분명하다. 작가가 되고 싶으면 보고 읽는 것도 중요하지만 무엇보다도 많이 써야 한다. 가수가 되고 싶은 사람이 온종일 음악만 듣고 노래 연습을 하지 않는다면 노래 실력이 늘 리 없다. 배우 지망생이 밤낮으로 연기 관련 책을 읽는다고 해서 훌륭한 배우가 되지 않는다. 연극도 해보고, 뮤지컬도 시도해보고, 장르 가리지 않고 오디션도 봐야 실력도 늘고 멘탈도 탄탄해진다. 그래야 가고자 하는 곳에 한 걸음 더 다가갈 수 있다.

동물 보호를 외치면서 유기견 보호소에서 봉사 한번 하시 않는다면, 지구 환경을 살려야 한다고 주말마다 피켓을 들고 거리로 나서면서 매끼 배달 음식을 시켜 먹고 일회용 용기를 마구 발생시킨다면, 가난하고 소외받는 이웃과의 상생을 외치면서 연말 구세군 함에 1,000원 한 장 넣어본 적이 없다면, 그 사람이 전달하고자 하는 메시지나 주장에 힘이 실릴 리 없다.

옆문을 잘 찾아서 열려면 일단 엉덩이가 가벼워야 한다. 머리로 생각만 하고, 말로 다짐만 하고, 글로 표현만 하기보다, 직접 몸을 움직이며 부딪혔을 때 문제를 해결할 확률이 높아진다. 완벽한 해결책을 찾지 못하더라도 그 과정에서 반드시 뭔가를 배우고 얻게 된다. 선물 같은 결과를 만나기도 한다.

나무를 심는 마음으로

1979년 인도에서 있었던 일이다. 당시 16세였던 자다브 파옝 Jadav Payeng은 홍수 피해를 목격했다. 그가 살던 마주리섬은 계속되는 범람과 침식으로 빠르게 불모지로 변해가고 있었다. 전문가들은 그 섬이 머지않아 사라질 거로 예측했다. 주민 대부분이 이를 안타깝게 여겼지만 어찌할 도리가 없다며 손을 놓은 상황이었다. 파옝은 달랐다. 그는 직접 행동에 나섰다. 매일

나무를 심기 시작한 것이다. 사람들은 그의 행동에 호응하거나 지지하기는커녕, 곧 없어질 섬에 무슨 쓸데없는 짓이냐며 조롱했다.

40여 년이 지난 지금, 삶의 터전을 지키고자 한 파옝의 즉각적이고 끈질긴 노력은 놀라운 결실을 보았다. 그가 심은 나무들이 자라나 550헥타르, 약 170만 평(5.5km²)에 달하는 울창한 숲을 이뤘다. 이는 뉴욕 센트럴파크의 1.6배, 여의도 전체 면적의 2배에 달하는 크기다. 가물었던 땅에 다시 물이 흐르고, 터전을 잃은 야생 동물들이 하나둘 돌아오기 시작했다.

파옝은 그가 직접 경험한 환경 문제에 대해 단순히 말로만 걱정하는 데 그치지 않았다. 할 수 있는 일을 찾아 즉시 행동에 나섰다. 그의 작지만 확실한 행동은 그 어떤 환경 전문가나 운동가도 해내지 못한 놀라운 결과를 만들었다. 그 노력을 인정받아, 파옝은 2015년 인도 정부로부터 파드마 슈리Padma Shri 훈장을 받았다. 이는 인도에서 민간인에게 주는 네 번째로 높은 상이다.

"**Don't say it, do it.**" (말만 하지 말고, 하라.)

"**Stop saying it, do it.**" (말하는 것을 멈추고, 하라.)

"**Don't say it's best you can, do better.**" (그게 최선이라 말하

지 말고, 더 잘하라.)

"Don't just say you want a better body, go work out, and do diet." (더 나은 몸을 원한다고 말만 하지 말고, 나가서 운동하고 식단도 조절하라.)

"You are what you do." (당신은 당신이 하는 행동 그 자체다.)

미국 CNN 방송의 간판 앵커였던 크리스 쿠오모Christopher Cuomo가 진행했던 〈쿠오모 프라임 타임Cuomo Prime Time〉이라는 프로그램에서 나온 말이다. 당시 깊은 인상을 받아 휴대폰 메모장에 따로 기록해두었다. 대단히 특별한 말도 아니고 처음 들어보는 신선한 표현도 아니다. 하지만 원하는 게 있다면 생각으로만, 말로만, 글로만 계획할 게 아니라 행동을 통해 이루어내야 한다는, 아주 당연하고도 간단한 메시지가 어떤 이유에서인지 강렬하게 와닿았다.

아무것도 하지 않고 불평만 해대면 그 어떤 기회의 문도 열리지 않는다. 때가 되면 마법처럼 열릴 거라 기대하는 것은, 감나무 밑에 앉아 감이 떨어지기를 하염없이 기다리는 것처럼 미련하고 어리석다. 씨도 뿌리지 않고 풍년을 바라는 것과 다르지 않다.

우리는 우리가 하는 행동의 총합이다. '지금', '여기서' 하는 크고 작은 행동이 모여 우리의 미래를 디자인한다. 그러므로, 좀 과격한 표현이긴 하지만, 이렇게 말하고 싶다. 생각만 하고 앉아 있지 말고 지금 바로 '닥행(닥치고 행동)'하자.

넷,
잘 우는 아이가 되어
요구하라

갓난아기는 배가 고프면 집이 떠나가도록 운다. 말을 못 하니 우는 것으로 배고픔도 알리고 기저귀가 축축해 불편한 것도 알린다. 그렇게 의사 표현을 한다. 음식 먹을 때가 지났거나 기저귀가 젖어도 아무 표현 없이 조용하다면, 오히려 전문의와 상담이 필요한 주의 신호일 수 있다. 성인도 마찬가지다. 아이처럼 원하는 것이 생길 때마다 목젖이 다 보이도록 소리치라는 뜻이 아니다. 목적을 이루려면 말과 글, 행동으로 자기 생각과 바람, 의견이나 욕구를 적절히 표현할 줄 알아야 한다.

도둑맞은 사람은 20명
보상받은 사람은 1명

미국에서 머물던 2020년 초, 전 세계를 휩쓴 자전거 열풍으로 인해 새 자전거 구입에 난항을 겪었다. 무려 3개월이 넘는 기다림 끝에 겨우 자전거 한 대를 손에 넣을 수 있었다. 애초 예산을 훌쩍 뛰어넘는 지출이었지만, 500달러 이하의 자전거는 언제 입고될지 기약조차 없었기에 선택의 여지가 없었다. 그런데 휴대폰과 물통 거치대를 설치한 바로 다음 날, 자전거를 도난당했다.

자전거는 철저한 보안 시설을 갖춘 곳에 두었다. 사방을 튼튼한 철창으로 두른 데다 보안키가 있어야만 입장할 수 있는 자전거 전용 보관 구역이었다. 게다가 두꺼운 케이블 자물쇠로 묶어두기까지 했다. 이런 삼중 보안에도 자전거가 사라졌다는 사실에 놀라움과 당혹감을 감출 수 없었다. 떨리는 마음을 진정시키고 관리실에 문의했더니 '테일게이팅tailgating'으로 인한 피해로 추정된다고 했다. 테일게이팅이란 앞차를 바짝 뒤쫓아 운전하는 것으로, 보안 인식 장치가 있는 입주민 차량이 출입구를 통과할 때 바짝 붙어서 함께 들어왔다는 뜻이다. 보안 시스템의 허점을 노리는 교묘한 침입 방식이다.

훔친 자전거로 돈을 챙기는 일당이 많다는 뉴스를 접하긴 했다. 하지만 치안 좋고 보안이 철저하기로 유명한 곳에 살고 있었기에 남의 얘기라 생각했다. 조금 좁아도 안전이 우선이라고 생각해 선택한 집인데 도난 사건이라니, 어이가 없었다. 관리실에서는 피해 상황을 파악 중이라고 했지만 며칠이 지나도 이렇다 할 설명도, 진전도 없었다. CCTV 영상 확인을 요청했더니 경찰 영장이 필요하다고 했다. 총 20가구 정도가 피해를 봤는데 나머지 사람들은 어땠을까. '경찰 영장', 이 대목에서 막혔을 듯했다. 나 역시 그럴 뻔했다.

미국의 경찰 행정은 비효율적이기 짝이 없다. 수억 원대의 고가품을 분실한 것도 아니고, CCTV를 확인해 차량 번호를 추적한들 절도범이 그 차를 계속 타고 다닐 리도 없기는 했다. 운이 좋아 범인을 잡는다 한들 자전거를 되찾을 수 있을지는 미지수였다. 유감스럽긴 해도 뾰족한 대안이 있겠냐는 게 관리실 입장이었다. 나라고 그걸 몰랐겠는가. 하지만 뭐라도 해야 했다. 나는 옆문을 찾기로 했다. 자전거를 되찾지 못해도, 몹쓸 절도범을 단죄하거나 그들로부터 진심 어린 사과를 들을 수 없더라도, 무려 석 달 가까이 기다려 손에 넣은 새 자전거를 잃어버렸는데 가만히 있을 수는 없는 노릇이었다.

수십 분에 걸친 경찰서 AI 안내원과의 생산성 없는 통화와 지루한 기다림 끝에, 자전거 도난 신고를 마쳤다. 다음 날 오전, 요란한 사이렌 소리와 함께 HPDHouston Police Department, 휴스턴 경찰서 경찰차가 로비 앞에 도착했다. 아파트를 둘러보러 온 예비 입주자들이 걱정스러운 눈빛으로 경찰과 나의 대화를 주시했다. 관리실 매니저와 직원들도 당혹스러운 표정을 감추지 못했다. 자전거 도난 피해 가구는 전체 입주민의 5%에도 미치지 않았지만, 훌륭한 치안과 보안을 앞세워 높은 월세를 받는 아파트 입장에서는 그럴 수밖에 없었다. 이번 도난 사건은 되도록 밖으로 새어 나가지 않아야 할 소식이었기 때문이다. 로비를 오가던 입주민들이 하나둘 모여들기 시작했고, 별수 있겠느냐던 매니저가 황급히 다가와 경찰과 나를 사무실로 안내했다. 그 순간 나는 옆문을 찾았음을 직감했다.

경찰 입회하에 CCTV 영상을 확인했다. 사건 번호와 담당 경찰관 연락처도 받았다. 하지만 예상했던 대로 몇 개월이 지나도록 절도범은 잡히지 않았다. 당연히 자전거도 못 찾았다. 하지만 나는 자전거 가격의 2배가 넘는 보상을 받았다. 경찰이 아파트에 출동했을 때 옆문을 놓치지 않고 잘 활용한 덕분이다.

경찰관이 돌아간 후, 글 하나를 작성했다. 이중·삼중 보안 장치가 된 자전거 보관 구역도 결코 안전하지 않으니 유의하라는, 입주민을 위한 안내문이었다. 오후 4시 30분쯤 매니저에게 아파트 애플리케이션과 각 동 로비 게시판에 게재할 생각이라며 글을 보냈다. 퇴근 30분 전, 평소라면 전화 연결도 잘 안 될 시간인데 매니저가 급히 미팅을 요청했다. 잃어버린 자전거를 되찾지는 못하겠지만 위로 차원에서 작은 보상을 하고 싶다고 했다. 월 100달러 상당인 유료 창고 보관 공간을 무상으로 제공하려는데 어떠냐고 물었다.

그러지 않아도 집이 협소하게 느껴지던 참이었다. 또다시 분실될까 봐 한국에서 가져간 다른 자전거까지 좁은 현관에 들여놓고 지내는 상황이었다. 크기에 따라 월 사용료가 70~120 달러에 달하는 별도 공간을 무료로 제공하겠다니, 나쁘지 않은 제안이었다. 못 이기는 척 매니저의 제안을 받아들였고, 이사할 때까지 1년이 넘도록 창고 공간을 유용하게 잘 썼다.

원하는 것을 요구하는 일은 무례가 아니다

문제가 발생했을 때, 말이나 행동으로 자기 의사를 드러내지 않고 가만히 있거나 그냥 넘어가는 사람들이 있다. 귀찮아서, 점잖지 못한 것 같아서, 유난 떠는 사람으로 비칠까 봐 등 이유는 다양하다. 하지만 병원에 가서 의사에게 **"무조건 알아서 치료**

해주세요" 한다고 예의 있는 환자가 되는 건 아니다. 음식점에서 **"알아서 맛있는 걸로 주세요"**라고 말한다고 해서 배려 넘치는 고객으로 기억되지 않는다.

나 역시 자전거를 도난당한 후 '에이, 재수가 없었네' 혹은 '액땜했나 보다' 하고 넘겨버리는 게 정신건강에 좋았을 수도 있다. 사건 신고, 경찰서 방문, 진술서 작성 등 귀찮은 행정 절차를 거치는 과정에서 소모된 시간과 스트레스를 수치로 환산하면 유료 창고 이용료 이상으로 손해를 봤을지도 모른다. 하지만 20여 명의 자전거 도난 피해자 중 유일하게 보상을 받은 입주자가 될 수 있었던 이유는 원하는 바를 말과 글, 행동으로 표현한 덕분이었다. 문제 제기에 그치지 않고 정제되고 논리적인 글과 행동을 더하면, 설득 못 할 대상이 없다고 생각한다. 옆문은 적극적인 행동으로 열린다. 요청이든 요구든 부탁이든, 자신이 원하는 바를 명확히 표현하고 전달하는 것이 매우 중요하다.

오프라 윈프리는 **"당신이 원하는 바를 요구하는 것은 무례한 일이 아닙니다. 당신이 원하는 바를 얻지 못하는 것이야말로 당신 자신에게 무례한 일입니다"**라고 했다. 때로는 명확한 의사 표현만으로도 문제가 해결되기도 한다. 자기 의사를 드러내지 않고 상대가 알아주기를 바라는 건 손을 대지 않고 코를 풀겠다는 말과 같다. 이는 연인, 친구, 부부, 직장 동료 등 많은 인간관계에 적용된다.

참고 넘기는 게 능사가 아니다. 잘 울자. 잘 울어야 젖을 먹는다.

다섯,
잘 웃는 아이가 되어
마음을 전하라

마음이든 생각이든 표현하지 않으면 알기 어렵다. '말하지 않아도 알고 눈빛만 봐도 아는' 건 노래 가사 속에서나 가능한 일이다. 수십 년을 함께 살아온 가족조차 서로의 속마음을 완전히 이해하기 어려운데 하물며 타인의 마음을 어떻게 알겠는가? 그래서 상대에게 우리의 감정과 생각을 알리는 게 중요하다. 특히 감사의 마음 표현은 단순한 예의 차원을 넘어, 상대방에게 인정과 존중의 뜻을 전달한다.

대부분 사람은 감사와 안부 인사를 반갑게 여기고 고마워한다. 과도한 표현은 부담이 될 수 있지만, 적절한 수준의 인사는 대체로 긍정적으로 받아들여진다. 말로는 **"괜찮다"**, **"하지 마**

라" 하더라도 진심으로 싫어하는 경우는 드물다. 누군가가 자신을 위해 시간과 정성을 들여 고마움을 전하는데 이를 거북해할 사람이 과연 있을까. 특별히 불편한 사이가 아니라면, 이러한 소소한 관심과 배려가 관계를 더욱 돈독하게 만든다.

하지만 보통 우리는 받는 것은 좋아하면서도 표현에는 인색하다. 쑥스럽고 낯간지러워 망설이거나, 아부나 아양으로 보일까 봐 고마운 마음을 굳이 드러내지 않고 속으로만 간직한다. 그러나 인간관계에서 감사 표현은 생각보다 크고 강력한 힘을 발휘한다.

누군가 그랬다. 육아는 99%의 힘듦과 1%의 기쁨이라고. 하지만 그 1% 찰나의 순간이 우리를 버티게 한다. 밤새 칭얼거리던 아기가 방긋 배냇짓을 하면 그동안의 피로가 눈 녹듯 사라진다. 나를 보고 기분이 좋아서 그러는 게 아니라 얼굴 근육이 저절로 움직이는 생리적인 웃음일 뿐인데도 그렇다. 반려동물도 마찬가지다. 온 집 안에 깔아놓은 배변 패드를 피해 꼭 모서리에서 볼일을 보는 강아지가 있다. 그러면 화가 났다가도, 꼬리를 흔들며 다가와 갖은 애교를 부리는 모습을 보면 '네 덕분에 산다' 싶다.

갓난아이나 반려동물은 언어로 감사를 표현하지 못한다. 그래도 그들의 행동이 마치 고마움을 전하는 것처럼 느껴질 때가 있다. 그 순간 이런 착각만으로도, 그동안의 노력과 수고가 충분히 보상받는 듯하다. 이는 감사의 표현이 지닌 힘을 보여준다. 언어적이든, 비언어적이든, 실제든, 착각이든 상관없이 받는 이에게 큰 힘이 된다.

적절한 고마움의 표현은 상대와의 관계를 더욱 특별하게 만드는 것은 물론, 예상치 못한 기회를 열어준다. 그렇다면 어떻게 감사를 표현하면 좋을까? 어떻게 하면 '잘 웃는 아이'가 될 수 있을까? 그 대상과 상황에 따라 다르겠지만, 일반적으로 쉽게 적용할 전략을 소개하고자 한다. 내가 'SOS 전략'이라 이름 붙인 것으로 구체적인 내용은 다음과 같다. 특별한 기술이나 사전 준비가 없어도 되니 일상에서 적극 활용해보길 바란다.

⑤ Small(작게): 사소해 보이는 것에도 감사 표하기

감사를 표현할 때 우리는 흔히 큰 '건수'를 찾으려 한다. 그러나 사실 감사할 순간들은 우리 주변과 일상에 늘, 항상 존재한다. 함께 커피를 마시거나 식사하는 상대가 마련한 시간, 교통 체증을 뚫고 나를 만나러 온 이의 노력, 이 모든 것이 감사의 대상이다. 림태주 작가는 그의 저서 《너의 말이 좋아서 밑줄을 그었다》에서 '시간이 진심'이라고 말했다. 누군가를 위해 시간을 낸다는 것은 자신의 목숨을, 삶의 일부를 내어주는 것과 같다고 한다. 그러니 누구든 소중한 시간을 나와 나누었다는 것만으로도 깊은 감사의 이유가 되고도 남는다.

사소해 보이는 순간에 특별한 의미를 부여하고 감사를 표현할 때, 상대의 마음은 움직인다. 일상의 작은 디테일, 소소한 추억을 말하는 것만으로도 상대에 대한 나의 깊은 관심과 애정을 전할 수 있다. 상대의 고유한 특징, 습관, 말투를 기억하고 이야기하는 것 또한 함께 보낸 시간을 소중히 여기고 있다는 메시지이다.

'작은' 표현들이 큰 힘을 갖는 이유는 단순하다. 화려한 미사여구보다 더 큰 울림을 주고 오래도록 기억에 남기 때문이다. 이러한 접근은 연인, 가족, 친구, 동료, 이웃 등 모든 관계에서 유효하다. 작은 것이 가진 힘은 종종 우리의 예상을 뛰어넘는다. 첫 번째 'S'는 바로 '작은 것'의 진정한 가치를 아는 데서 시작한다.

❷ Often(자주): 평상시에도 자주 감사 표하기

연락의 주기와 빈도는 관계의 질과 깊이를 좌우하는 중요한 요소다. 그러나 의무적으로 또는 무조건 주기적으로 연락하라는 뜻이 아니다. 필요할 때만 하지 말고, 평소 자주 애정과 관심, 그리고 감사의 마음을 표해야 한다. 명절, 연말, 새해, 생일 등 기념일 연락은 누구나 한다. 그러니 평소 꾸준한 소통이 더 깊은 인상을 남길 수밖에 없다.

"**평시불소향, 임시포불각**平時不燒香, 臨時抱佛脚"이라는 중국 속담이 있다. '평소에는 향을 피우지 않다가 일을 당하면 부처님의 다리를 끌어안는다'는 뜻이다. 부탁할 일이 있거나 아쉬울 때만 연락하는 소위 '필찾('필요할 때 찾는다'의 줄임말)'에게는 누구도 선뜻 도움의 손길을 내밀지 않는다. 이는 선거철에만 반짝 허리를 숙이는 정치인들에 대한 시민들의 냉담한 반응과 다르지 않다. 경제적으로 어려울 때만 연락하는 가족, 도움이 필요할 때만 찾는 친구 등도 마찬가지다.

평소에 자주 소통하던 사이라면 위기 상황에서 도움을 요청하기가 훨씬 수월하다. 일상적 소통은 상대에 대한 관심과 배려, 존중을 바탕으로 한다. 진심 어린 감사 인사는 관계를 돈독히 하고 언제든 옆문을 열 수 있는 기반을 만드는 데 도움이 된다.

❺ Sincere(진정성 있게): 진심 담아 감사 표하기

당연한 말이지만, 감사 인사에는 반드시 진심이 담겨야 한다. 일주일에 한 번, 심지어 매일 한다 해도 진정성이 결여된 형식적인 인사는 안 하느니만 못하다.

최근 결혼한 한 후배는 매일 아침 시어머니에게 안부 문자 메시지를 보낸다. 시어머니의 강력한 요구로 어쩔 수 없이 시작한 일이라고 했다. 쉽지 않겠다며 위로를 건넸더니 후배가 뜻밖의 말을 했다. 전송되는 메시지 내용을 자기도 정확히 모른다는 것이었다. IT 회사 소프트웨어 엔지니어인 그녀는 동료의 도움을 받아 날씨와 기념일 등을 내용에 반영해 자동으로 메시지를 생성하는 프로그램을 개발해 사용했다.

한 달에 한 번을 하든 1년에 한 번을 하든 진정성이 중요하다. 의례적인 연락보다는, 단 한 번이라도 마음을 담은 연락이 관계를 훨씬 더 깊고 의미 있게 만든다. 나는 출장이나 여행을 갈 때마다 감사 카드를 몇 장씩 챙긴다. 연말이면 서점을 돌며 할인 중인 감사 카드를 사 모으는 것이 나의 작지만 확실한 행복이 된 지도 꽤 됐다. 카드를 챙기지 못했을 때는 호텔 메모지에라도 짧게나마 감사의 글을 남긴다. 5분도 채 걸리지 않는 이 작은 행동이 누군가에게 기분 좋은 순간을 선물할 수 있다는 것을 알게 되었고, 때로는 예상치 못한 방식으로 그 온기가 내게 돌아오는 경험을 적지 않게 했다. 이러한 긍정적 순환이 이 습관을 계속 이어가게 하는 것 같다.

2024년 여름, 필리핀 보홀섬 출장 중 있었던 일이다. 급한 일정 탓에 아침에 호텔 방을 어질러놓고 나갔는데, 돌아와 보니 깨끗이 정돈되어 있었다. 고맙고 민망한 마음에 팁과 함께 짧은 감사 메시지를 남겼다. 그런데 다음 날 깜짝 놀랐다. 내가 쓴 글의 2배나 되는 길이의 답장이 남겨져 있었던 것이다. 이 이야기를 총지배인에게 전했고, 내게 메시지를 남긴 직원은 '이달의 직원'으로 선정되어 보너스를 받았다. 사소한 감사 표현이 서로에게 좋은 기억을 남기고 예상치 못한 선물로 이어진 순간이었다.

원하는 바를 적극적으로 요청하고 요구하는 '잘 우는 아이'가 되는 것만큼이나, 존중과 감사의 마음을 적절히 표현할 줄 아는 '잘 웃는 아이'가 되는 것도 중요하다. 물론 평소에 감사 인사를 잘한다고 해서 당면한 문제가 해결되거나 없던 기회가 생기지는 않는다. 그럼에도 진정성 있는 감사 표현이 갖는 힘을 과소평가해서는 안 된다. 옆문도 결국 사람이 열고 닫는 것이기에, 조금씩 쌓이고 쌓인 감사의 표현이 언제, 어느 때, 어떤 식으로 옆문으로 향하는 징검다리 역할을 하게 될지 아무도 모른다.

"감사합니다.""고맙습니다." 인사에 돈 한 푼 들지 않는데, 안 할 이유가 없다. 사소한 것에도Small, 자주Often, 진심을 담아 Sincere 감사를 표현하는 이 SOS 전략을 기억하자. 새로운 기회와 인연이 펼쳐질 것이다. 웃는 얼굴에 침 못 뱉고 웃으면 복이 온다고 했다. '잘 웃는 아이' 되기, 즉 감사를 잘 표현하는 사람 되기는 옆문을 여는 매우 효과적이고 우아한 방법이다.

여섯,
미래의 기회가 될
씨앗을 뿌려라

기회는 예상하거나 준비하기가 어렵다. 불확실성 때문이다. 언제 어디서 찾아올지 누가 어떻게 알겠는가. 또한 기술 발전으로 물리적 공간과 시간적 제약이 사라지면서 이러한 불확실성이 증폭됐다. 언제, 어디서, 누구와, 어떻게 만나게 될지, 그들이나 내가 하려는 일에 어떤 영향을 미칠지 알 수 없다. 상황이 이렇게 되면서 '미래 기회 씨앗 뿌리기'는 더욱 중요해졌다.

'미래 기회 씨앗 뿌리기'는 일상에서 작은 친절과 배려를 통해 능동적으로 '미래 기회'를 만들어 나가는 행위를 총칭한다. 이는 단순히 타인을 위한 이타적 행동을 넘어 자기 미래를 위한 전략적 투자로 볼 수 있다. 누군가에게 건넨 따뜻한 미소, 낯선 이에게 베푼 작은 선의가 예기치 못한 순간에 새로운 기회의 문을 열어줄 수 있다. 이러한 소소한 행동들은 불확실한 미래를 대비하는 첫걸음이자 잠재적 기회를 향한 씨앗이다.

함부로 운전하던, 혹은 유난히 친절하던 택시 기사가 꼭 결혼하고 싶은 여자 친구의 아버지일 수도 있고, 피곤해서 딱 한 번 임산부 좌석에 앉아 곯아떨어졌는데 앞에 서 있던 임산부가 하필 새 직장의 상사일 수 있다. 여행지에서 우연히 만나 친분을 쌓은 사람이 투자자나 비즈니스 파트너가 되는 일은 영화나 드라마에서만 일어나는 것이 아니다.

예측 불가능한 미래 기회를 놓치지 않고 꽉 잡으려면 다음 두 가지를 명심해야 한다. 첫째, 무의식적으로 미래 기회의 씨앗이 자랄 땅을 해치는 우를 범하지 말아야 한다. 둘째, 어떤 씨앗이 얼마만큼의 싹을 틔울지 알 수 없으니 최대한 자주, 그리고 많이 미래 기회의 씨앗을 뿌려야 한다.

첫 번째, '미래 기회 씨앗'이 자랄 땅 지키기

첫 번째 원칙을 지키려면 감정 조절 훈련이 필요하다. 순간의 감정을 제어하지 못하고 화를 내거나 다툼을 일삼으면, 자기도 모르는 사이에 귀중한 미래 기회의 씨앗을 밟아 없애는 결과를 초래할 수 있기 때문이다. 찰나의 감정을 다스리지 못하고 마음 가는 대로 내지르면 당장은 속이 시원하고 후련할지 모른다. 하지만 그것은 마치 가뭄이나 홍수 피해를 입었다고 해서 논이나 밭을 시멘트로 덮어버리는, 어떤 씨앗도 싹 틔울 수 없는 땅으로 만드는 것과 같다. 언제 어떤 형태로 만날지 모르는 미래 기회를 스스로 걷어차는 어리석은 행동이다.

　미국에서 생긴 일이다. 하루는 고속도로 출구에서 차선을 바꾸어야 했다. 창문을 내리고 뒤쪽 멀리서 다가오는 차를 향해 한껏 웃으며 미안하다는 제스처를 보낸 후, 여유 있게 차선을 옮길 생각이었다. 평일 오후라 차량이 드물기도 했고 대개는 다른 차 운전자도 눈인사를 하며 양보하기 마련이라 그날도 그럴 줄 알았다. 그러나 예상은 빗나갔다. 뒤에서 하얀색 벤츠 SUV를 운전하던 백인 할머니가 내가 경기할 만큼 세게, 크게, 그리고 길게 경적을 울렸다. 차를 옆으로 바짝 붙여가며 기어이 손가락 욕까지 했다. 경찰에 신고해야 하나 싶을 만큼 위협적이라 무서웠지만 일단 안전 운전이 먼저였다. 애써 괜찮은 척했지만 종일 언짢았던 오후였다.

　놀랍게도 한 달이 채 지나지 않아 그 할머니를 다시 만났다. 이번에는 도로가 아닌 교육청에서였다. 나는 LPAC언어능력평가위원회 학부모 대표 위원이었고 할머니는 아들이 베트남 여성과 결혼해 낳은 손자의 영어가 서툴러 위원회의 도움이 필요한 상황이었다. 할머니의 난폭한 운전으로 내가 겪은 당혹감과 불쾌함을 곱절로 되돌려주고 싶은 마음이 없었다면 거짓말이다. 하지만 나 또한 아이를 키우는 부모로서 아무것도 모르는 할머니 손자에게 해를 끼칠 순 없었다. 그나마 내가 할머니에게 부탁해야 하는 입장이 아님에 감사하며 필요한 조치를 해주었다.

"한때의 분한 감정일랑 참으라. 그러면 백일의 근심을 모면할 것이다."

중국 송나라 때 지어진 것으로 전해지는《경행록景行錄》의 한 구절이다. 언제, 어느 때, 누구를 만나 어떤 기회가 생기고 없어질지 모르는 좁디좁은 요즘 세상에서 특히 새겨야 할 지혜가 아닐 수 없다.

물론 억울하거나 부당한 일을 당했다면 다르다. 참고 넘어가서는 안 된다. 자기 가치와 존엄성을 지키기 위해서라도, 같은 일이 반복되지 않게 하기 위해서라도 적극적으로 대응해야 한다. 그렇다고 매사 시시비비를 가리는 데 에너지를 쏟으라는 뜻은 아니다. 별 도움 안 되는 언쟁이나 소란에 평정을 잃고 휘

말릴 필요는 없다.

야생의 포식자로 알려진 표범은 하이에나를 만나면 눈앞에 먹이를 두고도 그냥 피한다. 무서워서가 아니다. 재빠르고 민첩해서 천적이 없다시피 한 표범에게 하이에나는 애초에 상대가 되지 않는다. 그럼에도 표범이 충돌을 피하는 이유는 간단하다. 불필요한 에너지 낭비를 하지 않겠다는 거다. 섣불리 공격했다가 부상을 당할 수도 있고, 떼 지어 다니는 하이에나를 불러 모아 서식지를 옮겨야 하는 번거로운 상황을 피하기 위해서다. 표범으로서는 하이에나 무리를 상대하느니 새로운 먹잇감을 찾는 편이 훨씬 낫다.

두 번째, 최대한 자주, 많이 미래 기회 씨앗 뿌리기

미래 기회를 확실히 포착하기 위해 명심해야 할 두 번째는, 일상에서 작은 친절과 배려를 통해 '미래 기회'의 씨앗을 자주, 그리고 많이 뿌려야 한다는 것이다. 씨앗 100개를 뿌렸다고 해서 100개가 다 싹을 틔우는 건 아니다. 어떤 종자는 말라 죽고, 어떤 종자는 동물에게 먹혀서 없어지고, 어떤 종자는 병충해 피해로 죽는다. 따라서 다양한 종류의 씨앗을 최대한 많이 뿌리는 게 중요하다. 일상적인 친절과 배려가 핵심인데, 습관만 잘 들이면 첫 번째 원칙인 감정 조절에 비해 훨씬 수월하다. 이러한 작은 행동들, 즉 미래 기회의 씨앗들은 예기치 않은 곳에서 성장하고 열매를 맺는다. 일상의 선한 행동들이 옆문을 여는 강력한 열쇠가 되어 새로운 기회가 되는 것이다.

교환학생 시절, 프랑스에서 미국으로 가기 위해 파리 샤를 드골 공항을 이용한 적이 있다. 폭설로 비행기 출발이 지연되어 대기실 의자에 앉아 기다리는 중이었는데 두리번거리며 자리를 찾는 듯한 중년의 여성이 보여 얼른 옆자리 짐을 치워 드렸다. 프랑스어로 된 신문을 읽던 그녀에게 서툰 프랑스어로 말을 걸었다. 대기 시간이 점점 길어져 지루해지기도 했고 파리를 떠나면 언제 다시 쓸 수 있을지 모르는 프랑스어를 좀 더 연습하고 싶기도 했다. 얼마 후 비행기 탑승 수속이 시작됐고 그녀와 작별 인사를 나눴다. 서툰 프랑스어가 답답했을 법한데도 인내심을 잃지 않고 친절하게 말 상대를 해준 그녀가 자리 내어줘서 고마웠다며 명함을 건넸다. 챙겨야 할 짐이 많아 그 자리에서는 자세히 보지 못했는데 비행기 안에서 확인해보니 그녀는 세네갈 대법원 판사였다.

미국에 돌아간 나는 그녀에게 뉴욕의 화려한 모습이 담긴 엽서를 보냈다. 뉴욕에 한 번도 가보지 못했다는 그녀를 위한 나름의 깜짝 선물이었다. 그녀는 세네갈의 핑크 호수 엽서로 답장을 보내왔고, 다음 해 여름 나는 그녀의 초대로 세네갈에 가게 됐다. 당시에는 아프리카로 여행을 떠나는 사람이 많지 않았다. 여대생이 혼자 가는 일은 더 드물었다. 부모님께서 아시면 펄쩍 뛰며 못 가게 하실 것 같아 말씀드리지 않고, 혼자 황열예방 주사도 맞고 말라리아 약도 먹었다. 물론 고생도 했다. 무섭도록 머리카락이 많이 빠지기도 했고 현지 음식을 가리지 않고 먹다가 심하게 배탈을 앓으며 고열과 복통에 시달리기도 했다. 하지만 동이 틀 무렵 아무도 없는 해변에서 말을 타고, 흙먼지 일으키며 축구하는 동네 꼬마들에게 영어를 가르쳐주기도 하는 등 잊지 못할 경험과 추억을 쌓았다. 공항에서 중년 여성에게 베풀었던 아주 작은 친절이 추후 취업 면접의 많은 문을 활짝 열어주는 황금 열쇠가 되어 돌아왔다. 당시에는 아프리카에, 그것도 혼자, 한 달이나 다녀온 대학생이 흔치 않았기 때문이다. 그 경험은 특별한 이력이 되어주었다.

파리 샤를 드골 공항을 이용하는 수많은 사람 중에 세네갈 유력 인사를 만날 확률이 얼마나 될까? 약 230만 명이 거주하는 미국 휴스턴에서 과격한 운전으로 충격을 준 장본인을 다시 만날 가능성은 또 어떤가? 따져 보면 매우 희박한 확률임은 분명하다. 하지만 이처럼 믿기 힘든 일이 실제로 종종 일어난다. 자주는 아니더라도, 똑같은 형태가 아닐지라도, 누구에게든 일어날 수 있는 일임은 틀림없다.

우리가 살아가는 넓고 복잡한 세상이 점점 좁아지고 있다. 누가 우리에게 기회를 주거나 앗아갈지, 반대로 우리가 어떤 이에게 기회를 제공하거나 빼앗을 수 있을지 예측할 수 없다. 하지만 불확실하다는 핑계로 아무것도 하지 않을 수는 없다. 그러므로 자기도 모르게 '미래 기회'를 내치는 일이 없도록 절제되고 정제된 표현을 하고 신중하게 행동하도록 노력해야 한다. 또한 상대를 존중하는 마음으로 작은 친절과 배려를 베푸는 것이 몸에 배도록 틈틈이 훈련해야 한다. 이는 평소에 건네는 사소한 감사의 말, 진심 어린 미소, 따뜻한 도움의 손길에서부터 시작된다.

뒤따라 들어오는 사람을 위해 문 한번 잡아주지 않으면서, 분명히 누군가가 다급하게 오는 소리가 들리는데도 먼저 가려고 엘리베이터 닫힘 버튼을 수차례 누르면서 자기가 도움이 필요한 순간 누군가 나타나 도와줄 것이라 기대하는 것은 마치 빈 우물에서 물을 길어 올리려는 것과 다름없다.

좁은 통로나 붐비는 장소에서는 어린이나 노약자가 먼저 지나갈 수 있게 기다려주고, 문이 닫히려는 순간 뛰어가서 나만

쪽 들어가는 게 아니라 뒷사람을 위해 문을 잡고 기다려줄 수 있는가? 이런 행동은 한번 몸에 익기만 하면 굳이 의식하지 않아도 물 흐르듯 자연스럽게 하게 된다.

물론 세 살 버릇 여든 간다고 오랜 시간에 걸쳐 고착화된 그릇된 행동을 고치기란 쉽지 않다. 하지만 의지를 가지고 반복적으로, 의식적으로 노력하면 얼마든지 바꿀 수 있다. 이러한 노력은 '미래 기회'의 씨앗을 많이, 그리고 널리 뿌려지게 한다. 시간과 에너지를 들여서라도 바꿀 만한 가치가 있다.

지구는 실로 거대한 행성이다. 지름이 약 1만 3,000km에 이르고, 표면적은 약 5억 1,000만km²로 축구장 약 70억 개를 펼쳐놓은 것과 맞먹는 크기다. 이 광활한 공간에 200개가 넘는 나라가 존재하고 다양한 언어와 문화를 가진 약 80억 명의 인구가 살고 있다. 이렇게 넓은 세상이 오늘날 첨단 기술의 발달로 그 어느 때보다 좁아지고 작아졌다. 전 세계 구석구석을 잇는 통신망과 각종 SNS 플랫폼, 다양한 온라인 커뮤니티 등을 통해 국가, 인종, 성별, 문화 가릴 것 없이 서로 촘촘하게 연결되었다. 버튼 몇 개만 누르면 남극, 북극은 물론 지구 곳곳에 있는 사람과 소통할 수 있다. 전 세계가 밀접하게 연결되고 활발하게 소통하면서 과거에는 예상치 못했던 기회가 생기기도 하고 사라지기도 한다.

뿌려진 씨앗은 언젠가, 어디에선가, 누군가에 의해 열매를 맺기 마련이다. 크고 넓지만 한껏 가까워진 세상에서 '미래 기회 씨앗 뿌리기'가 더욱 중요해진 이유다.

일곱,
'여집합 인맥'으로
삶의 질을 높여라

"It's not about WHAT you know but WHO you know."

'무엇을' 아느냐보다 '누구를' 아느냐가 더 중요하다는 뜻으로 네트워크, 즉 인맥의 중요성을 강조할 때 자주 쓰는 표현이다. 이 말은 단순히 '지식'보다 '인맥'이 중요하다는 뜻이 아니다. 우리가 알고 관계를 맺는 사람들이 내 삶에 얼마나 큰 영향을 미칠 수 있는지를 함축한 것이다. 하지만 여기서 말하는 '누구'에 대해서는 한번 생각해볼 필요가 있다.

사회생활을 하는 데 인맥이 매우 중요한 가치 중 하나임은 틀림없다. 주로 후진국에서 두드러지는 경향이긴 하지만 어느 위치에 있는 누구를 아느냐에 따라 사업이나 계약 성사 여부가 갈리기도 한다. 미국 등 선진국에서도 가족, 친구, 지인의 소개로 이루어지는 사업이나 계약이 적지 않다. 어떤 행사는 누구의 초대로 갔는지에 따라 좌석은 물론 증정받는 기념품까지 달라진다.

사람이 일을 성사시키고 추진하는 데 비중 있는 역할을 하다 보니, 많은 이가 사회적 지위가 높은 권력자나 부유층과의 관계를 중시한다. 누구를 알고, 누구와 친하고, 누구 선후배인지 으스대며 인맥을 과시하는 이들을 주변에서 어렵지 않게 볼 수 있다. 우리나라의 경우 '김영란법' 시행 이후 정부 기관이나 기업·개인 간 유착 관계가 많이 개선된 편이다. 그래도 여전히 '누구를 아느냐'가 중요하다는 인식이 남아 있다. 영화《범죄와의 전쟁》에서 배우 최민식이 남긴 **"내가 인마! 느그 서장이랑 인마! 어저께도 으! 같이 밥 묵고 으! 사우나도 같이 가고 으!"**라는 명대사가 개봉 후 10년이 훌쩍 지난 지금까지도 많은 이의 공감을 사는 것만 봐도 그렇다. 사정이 이렇다 보니 많은 이가 인맥 형성에 열중한다. 현재나 미래에 이득을 줄 만한 사람이나 단체를 찾고 그들과의 관계를 전략적 투자로 여기며, 이를 유지하고 관리하는 데 상당한 비용과 시간을 들인다.

하지만 이러한 '파워 그룹'이 우리 일상에 직접적인 영향을 미치는 일은 그리 많지 않다. 자신의 위치나 권력을 함부로 이용하기도 어렵고, 그래서도 안 된다. 오히려 우리 삶의 질을 실질적으로 향상시키는 인맥은 따로 있다. 권력층도 부유층도 아니지만 일상에서 만나 즉각적인 영향력을 행사하는 이들, 이른바 '여집합 인맥'이다.

파워 있는 사람과의 인맥만이
중요한 것은 아니다

'여집합'은 수학 용어로 '전체에서 특정 집합을 뺀 나머지 부분'을 의미한다. '여집합 인맥'은 내가 임의로 차용한 표현으로, 흔히 '파워 그룹', '엘리트 그룹'으로 불리는 대기업 임원이나 정치인·법조인 등을 제외한, 일상에서 만나는 이들을 가리킨다. 경비원, 미화원, 정수기 관리사, 관리실 직원, 택배 기사, 세탁소 사장 등이 여기에 속한다. 이들은 우리의 일상생활에 즉각적이고 지속적인 영향을 미칠 수 있는 재량권을 가지고 있으며, 우리 삶의 질을 실질적으로 향상시키는 데 핵심적인 역할을 한다.

'여집합 인맥'의 힘은 그들이 제공하는 소소하지만 의미 있는 서비스에서 비롯한다. 세탁소 사장은 급한 내 세탁물을 우선 처리해줄 수 있고, 가구 배송 기사는 주문한 가구를 설치만 하고 떠나도 되지만 추가 비용 없이 혹은 저렴한 가격에 기존 가구 철거를 도와줄 수 있다. 정수기나 스타일러 관리 기사는 사은품으로 제공되는 물품을 한두 개 더 얹어줄 수 있고, 과일 가게나 정육점, 족발집, 도넛 가게 사장은 자투리 상품을 싼값에 주거나 유용한 할인 정보를 미리 알려줄 수 있다.

혜택이라기에 너무 사소하고 하찮아 보일 수 있다. 하지만 우리 삶은 대단하고 눈에 띄는 큰 사건보다는 작지만 끊임없는 일상적 문제의 발생과 해결 과정으로 이루어진다. 당장은 큰 의미 없어 보이는 이러한 작은 도움들이 모여 우리 삶의 질을 유의미하게 향상시킬 수 있다. 권력자나 부유층이 아닌, 부와 권력의 '여집합 인맥'과 가까워져야 하는 이유다.

호세Jose는 미국에 거주할 때 아파트 유지 보수 관리 직원이었다. 그가 방충망 설치를 위해 방문했을 때, 마침 점심시간이라 내가 먹을 피자를 시키면서 호세와 그의 동료 것도 함께 주문했다. 배달 팁을 포함해 20불이 채 안 되는 피자 점심이, 그 집에서 보낸 2년간 우리 가족 삶의 질을 200% 향상시켰다. 2~3개월에 한 번씩은 찾아오는 정전이나 단수 상황에서 우리

집은 항상 가장 먼저 전기와 물을 사용할 수 있는 세대가 됐고, 다른 입주민들은 같은 말을 반복해대는 인공지능AI 상담원과 씨름할 때 나는 호세와의 핫라인을 통해 즉시 불편 사항을 접수하고 해결할 수 있었다.

이 밖에도 여집합 인맥이 일상을 더 편리하고 풍요롭게 만든 예는 무궁무진하다. 급하게 주차할 곳이 필요할 때 경비원이 임시 공간을 마련해주는 것, 밤늦게 중요한 서류를 출력해야 하는데 집 프린터가 고장 났을 때 문구점 주인이 영업시간이 아닌데도 문을 열어주는 것, 지갑을 놓고 왔거나 휴대폰 배터리가 방전되어 결제가 어려울 때 편의점 주인이 외상을 허용해주는 것, 몸이 아파 움직이기 힘들 때 동네 약국 직원이 필요한 약을 배달해주는 것, 갑작스러운 폭우에 우산이 없을 때 식당 주인이 우산을 빌려주는 것 등이 그렇다.

또한, 중요한 과제나 업무를 하던 한밤중에 노트북이 먹통이 됐을 때 근처 피시방 아르바이트생이 문제를 해결해주는 것, 장기 출장 중에 부동산 중개사가 집 화분에 물을 주고 우편물을 수거해주는 것, 갑자기 생긴 야근으로 퇴근이 늦어질 때 어린이집 교사가 아이를 더 돌봐주는 것, 명절에 혼자 있는데 단골 식당 사장이 명절 음식을 챙겨주는 것 등 열거하자면 끝이 없다. 이처럼 사소해 보이지만 소중한 도움과 배려, 친절이 모여 우리의 일상을 한결 수월하고, 원활하고, 윤택하게 만든다.

　'여집합 인맥'의 가치를 잘 아는 이들에게는 옆문이 술술 열린다. 삶 곳곳에 그물망처럼 퍼져 있는 여러 '여집합 인맥'들과의 건강한 유대 관계를 통해 일상의 크고 작은 문제를 해결하는 경험을 쌓은 덕분이다. 때로는 규정상 불가능해 보이는 일들에 예외를 만들어내며 문제 해결 능력을 높이는 경험은 다음 옆문, 그 다음 옆문을 여는 데 큰 도움이 되는 선순환 구조를 만든다. 우리의 일상을 직접적으로 풍요롭게 만드는 '여집합 인맥'이 진정한 '황금 인맥'인 이유다.

　'여집합 인맥'을 강조한다고 해서 '파워 그룹'과의 네트워크가 중요하지 않다는 뜻은 아니다. 때로는 그들과의 연결이 큰 기회나 변화를 가져올 수 있는 것도 사실이다. 하지만 그러한 관계는 당장 우리 일상의 삶과 어느 정도 거리가 있으며 '여집합 인맥'이야말로 우리의 매일매일을 풍요롭고 편안하게 만들어준다는 점을 강조하고 싶을 뿐이다. 따라서 두 네트워크를 균형 있게 고려하되, '여집합 인맥'의 가치를 간과하지 않는 것이 중요하다.

여덟,
통념을 깨고
옆문 시그널을 포착하라

"(원래, 진짜) **안 된다.**"

"(이제까지) **그런 적 없다.**"

"(미안하지만) **어쩔 수 없다.**"

"(안타깝게도) **힘들다.**"

"(해주고 싶어도) **내가 할 수 있는 일이 아니다.**"

너도나도 일상에서 많이 접하는 표현들이다. 목표를 향해 나아가는 과정에서 이런 말을 들으면 움츠러들거나 주춤하게 된다. 아예 멈추고 돌아갈 채비를 하는 사람도 있다. 호기롭게 시작했다가도 계속해서 이런 표현에 노출되면 의지가 약해지고 만다. 벨 소리가 들리면 먹이를 기대하며 침부터 흘리는 '파블로프의 개'처럼, 패턴이 반복되면 비슷한 표현만 들어도 좌절감을 느끼고 이내 포기하게 된다. 옆문 열기에 서툰 이들을 주저앉히는 부정적인 표현들이다.

하지만 역설적으로 이는 옆문 찾기에 나서라는 시그널이다. 이런 말이 들릴수록 옆문을 찾아 나서야 한다. 다양한 형태의 '옆문 시그널'을 마주했을 때 물러서거나 단념하면 안 된다. 일부러라도, 의식적으로라도 '아! 이건 옆문으로 들어갈 기회다!'라고 생각해야 한다. 도전과 노력의 출발점이라는 신호로 받아들이고 부정적인 표현들 너머를 바라보아야 한다. 그 뒤에 매력적인 옆문이 숨어 있다고 믿어야 한다. 놀랄 만큼 완벽한 해결책까지는 아니더라도 문제 해결을 위한 실마리는 충분히 찾을 수 있을 거라고 기대하면서 말이다.

완벽하진 않더라도 다가갈 수는 있다

인류 역사는 불가능해 보이는 것들을 극복하는 과정으로 이루어졌다고 해도 과언이 아니다. 무거운 물체는 공중으로 날아오를 수 없다는 통념을 깬 라이트 형제의 비행기 개발이 그랬고, 멀리 떨어진 사람과 대화를 주고받을 수 있을 거라는 생각이 황당한 공상에 불과했던 19세기 말 그레이엄 벨의 전화 발명이 그랬다. 인류 최초로 우주 비행에 성공한 러시아의 우주 비행사 유리 가가린도, 30년 넘게 병마와 싸우며 에이즈 인식 개선에 힘쓰고 있는 전 농구 선수 어빈 존슨 주니어(매직 존슨)도, 시각 장애를 딛고 세계적인 피아니스트가 된 츠지이 노부유키도, 모두 불가능할 것 같은 상황을 반전시킨 인물들이다. 하지만 안타깝게도 우리는 이러한 위대한 도전과 극복의 역사를 쉽게 잊는다. 일상에서 마주하는 작은 난관에도 너무 쉽게 무릎을 꿇고 만다.

아무리 어려운 일이라도, 모두가 안 된다고 하는 일이라도, 도무지 불가능해 보이는 일이라도, 반드시 해결 방법은 있다. 시골의 가난한 대장장이 아들로 태어나 오늘날 자기 계발과 성공 철학의 거장이 된 나폴레옹 힐의 말처럼, 마음에 품을 수 있고 믿을 수 있는 것은 모두 이룰 수 있다. 바라는 만큼 완벽하지는 않더라도 반드시 더 나은 방향으로 나아갈 수는 있다는 뜻이다. 이러한 굳은 믿음을 바탕으로 인류는 여성 참정권을 따냈고 인종 차별을 철폐했다. 스웨덴의 환경 운동가 그레타 툰베리가 최근 주도한 전 세계적인 기후 행동은 불가능해 보였던 기후 위기 대응에 새로운 희망을 불어넣었다. 너무나 단단해 보여 손쓸 엄두도 못 내던 벽도 결국에는 극복하거나 개선

했다. 우리가 일상에서 마주하는 어려움을 돌파할 비밀 열쇠를 찾아내지 못할 이유가 없다. 누구나 도처에 숨은 옆문을 찾아 열어젖힐 잠재력을 갖고 있다. 무슨 일이든, 해결할 방법은 언제나 어디에나 존재한다.

편안하게 체념할 것인가
불편하게 도전할 것인가

옆문을 열어보지 못한 사람은 언제, 어떻게 찾아야 하는지 잘 모른다. 경험이 적을수록, 작은 장애물에도 지레 겁을 먹고 포기한다. 옆문을 잘 열려면 끈질기게 물고 늘어지는 힘이 있어야 한다. 자신은 물론 상대로부터 나오는 부정적인 피드백에 즉각적으로 반응하고 물러서면, 번번이 기회를 놓칠 수밖에 없다.

'아, 그렇구나. 안 되는 거구나' 하는 순간 나도, 뇌도, 마음도 모두 '이건 안 되는 것'이라고 받아들이고 결론 짓는다. 스스로 가능성을 의심하고 걱정하는 사람에게는 상대의 '안 된다'는 결정이 오히려 마음을 편하게 해준다. 심지어 고맙기까지 하다. 일이 풀리지 않는 이유를 상대에게 돌리면서 핑계를 댈 수 있으니 말이다.

하지만 이런 식으로 포기하면 좋은 기회를 놓친다. 누군가 거절하거나 부정적으로 반응했다고 해서 바로 포기하지 말자. 대신 '옆문 시그널'을 재빨리 포착하고 이를 잘 활용해야 한다. 거절 상황을 문제의 끝이 아닌 해결의 시작점으로 바라보고, 문제가 해결될 때까지 가능한 모든 방법을 다양한 각도에서 계속 모색하는 것이 핵심이다.

미국에 있을 때 왼쪽 어깨가 이유 없이 아픈 적이 있었다. 한국에 비해 여러모로 더디고 복잡한 미국 병원에 가고 싶지 않아 몇 주를 참으며 버텼다. 그러다 통증이 심해져서 할 수 없이 정형외과에 갔다. 엑스레이를 찍더니 MRI 촬영이 필요하다며 MRI 촬영은 별도 예약 후 진행하므로 3주 정도 뒤에 다시 보자고 했다.

진료 예약에 열흘 가까이 걸렸는데 3일도 아니고 3주를 더 기다려야 한다니, 맥이 빠졌다. 하지만 수많은 경험을 통해 안 된다거나 어렵다는 말은 그저 '옆문 시그널'에 불과함을 익히 알았기에 곧바로 MRI 촬영 센터로 전화를 걸었다. 미국은 진료 예약을 한국처럼 5분, 10분 단위로 빡빡하게 잡지 않는다. 적어도 30분 정도는 여유를 두기 때문에 그 틈 어딘가에 나를 끼워줄 수 있지 않을까 싶었다. 그 날 비가 많이 와서 예약 취소가 있을 수도 있겠다는 생각도 들었다. 대기 명단에 올려달라고 하니 직원이 그런 건 없다고 딱 잘라 말했다. 그래도 혹시 모르니 내 이름과 연락처를 메모해달라고 간곡하게 부탁했다. 귀찮아서 그랬는지 가여워서 그랬는지는 알 수 없지만, 불친절하기 짝이 없던 직원이 결국엔 혹시 취소가 생기면 연락을 주겠노라 약속했다.

별거 없다. 이게 옆문의 발견이다. 옆문을 찾는 일은 결코 특별하거나 어렵지 않다. '안 된다', '어쩔 수 없다', '힘들다'와 같은 '옆문 시그널'과 맞닥뜨렸을 때 바로 수긍하지 않는 것, 그게 시작이다. **"향후 3주간은 예약이 어렵습니다"**는 말을 곧이곧대로 받아들이지 말아야 한다. 그래야 3주 뒤라는 '정문'이 아니라 오늘 당장 촬영을 할 수 있을지 모르는 '옆문'이 열릴 가능성이 높아진다. 자기도 모르게 '옆문 시그널'을 간과하는 데는 나름의 과학적 이유가 있다. 최소한의 에너지로 최대한 생존 가능성을 높이려는 게 우리 뇌의 본능이다. 별도의 시간과 노력을 들이고 애써 옆문을 찾으려는 시도 자체가 본능을 거스르는 행위다. 그래서 의식적 연습이 중요하고 반복적 훈련이 필요하다.

억수같이 비가 내려도 예약을 취소하는 사람이 없을 수 있다. 진료와 진료 사이에 내 MRI 촬영을 밀어 넣는 일은 진짜로 불가능할지도 모른다. 하지만 반대의 경우도 얼마든지 가능하다. 악천후로 예약 취소가 발생하거나 진료 사이에 촬영이 가능할 확률도 절반, 즉 50%는 되지 않을까. 쉽게 포기하고 흘려보내기엔 너무 아쉽고 아까운 기회다. 옆문은 확신이 아니라, 가능성이다. 아무리 작고 보잘것없는 기회라도 일단은 시도해 봐야 한다.

그래서 나도 무작정 MRI 촬영 센터로 향했다. 20분쯤 뒤 주차장에 들어서는데 연락이 왔다. 앞 환자가 조금 일찍 끝나서 약간의 시간 여유가 생겼는데 10분 내로 올 수 있겠냐고 했다. 하늘이 뚫린 듯 비가 퍼붓는 날, 예약도 없이 집과는 정반대 방향에 있던 MRI 센터로 향한 것이 헛걸음이자 시간 낭비로 끝날 수 있었다. 하지만 아주 낮은 가능성이라도 그것이 꽤 자주 기회로 바뀐다는 경험적 교훈이 있었기에 주저 없이 센터로 갔고 옆문을 찾았다. 그 덕분에 아픈 어깨를 부여잡고 3주나 더 기다리지 않아도 됐다.

하지만 그게 끝이 아니었다. MRI 촬영은 얼마 걸리지 않았는데 결과 면담을 위한 예약에 1~2주쯤 걸린다고 했다. 오십견인지 회전근개 파열인지 알아야 약을 먹든, 주사를 맞든, 수술을 하든 할 텐데 또 기다리라는 말에 화가 났다. 하지만 병원

직원으로서는 그저 친절하게 '정문'을 안내하는 것이려니 생각하고 다시 한번 옆문을 두드렸다. MRI 센터 상주 의사 소견을 먼저 듣고 싶다고 정중히 부탁했다. 미국에서는 병원 예약 또는 진료를 위해 몇 주씩 기다리는 것이 지극히 자연스럽다. 직원은 지금까지 상주 의사 면담을 요청한 사람은 없었다며 난감해했지만 다행히 진료비만 내면 가능한 일이었다. 촬영 결과를 본 의사가 직접 인근 정형외과에 연락해 예약을 잡아줬고 나는 이튿날 오전에 곧바로 결과 면담을 할 수 있었다.

미국의 의료 시설과 기술, 인력은 세계 최고 수준이다. 하지만 그 좋다는 미국 의료 시스템의 정문은 놀라우리만큼 비효율적이다. 정문을 이용했다면 족히 한 달은 넘게 걸렸을 진료와 촬영, 면담 과정을 이틀 만에 끝냈다. 뇌물을 준 것도 아니고 불법 행위를 한 것도 아니다. 지인 병원을 찾거나 병원의 높은 사람에게 부탁한 것도 아니다. 그저 옆문을 찾았을 뿐이다. 병원마다 조금씩 다른 '옆문 시그널'을 빠르게 인지하고 그에 맞게 대처했을 뿐이다.

시그널 고쳐 읽기

인류의 삶에 크게 이바지한 천재 발명가 토머스 에디슨은 어린 시절 한쪽 귀가 잘 들리지 않았다. 몸도 허약해서 또래보다 늦게 학교에 입학했다. 호기심과 탐구심이 왕성했던 에디슨은 엉뚱한 행동이나 질문을 끊임없이 쏟아냈고 선생님은 그런 에디슨을 못 견뎠다. 참다못한 선생님이 에디슨 집으로 편지 한 통을 보냈고 에디슨의 어머니는 눈물을 흘리며 아들에게 편지를 읽어줬다. **"당신 아드님은 천재입니다. 우리 학교는 아드님에게는 너무 부족합니다. 아드님을 가르칠 만한 좋은 선생님이 없으니 어머님께서 직접 가르치십시오."**

에디슨은 학교에 입학한 지 3개월도 되지 않아 '열등아'라는 이유로 퇴학을 당했다. 편지 내용이 사실은 다음과 같다는 건 널리 알려진 사실이다. **"당신 아이는 지적 장애가 있습니다. 도저히 일반 학생들과 함께 가르칠 수 없습니다. 더 이상 아이를 학교에 보내지 않으셨으면 합니다."** 에디슨의 어머니는 학교는 물론 가족들조차 문제 삼던 아들의 말과 행동을 '모자란 아이'가 아니라 '특별한 아이'라는 시그널로 받아들였다. 부정적인 메시지를 긍정적으로 재해석했고 '문제아, 열등아 아들'이던 에디슨을 결국 위대한 발명가로 키워냈다.

'안 된다', '어렵다', '힘들다' 같은 시그널에 쉽게 물러서거나 기죽지 말자. **"안 됩니다"**는 **"불가능하다는 건 아니고 당장은 무리가 있습니다"**라고, **"어렵습니다"**는 **"죽어도, 절대, 결코 안 된**

다는 게 아니라 지금 상황에서는 조금 어렵다"는 말로 재해석해서 받아들이자. 무슨 문제든 결국은 해결할 수 있다는 용기와 믿음을 가진다면 우리가 어떤 위대한 일을 해낼지 누가 알겠는가.

아홉,
기회의 순간을
준비하라

'24/7(twenty-four seven으로 읽는다)'이라는 표현이 있다. 영어권 국가에서 자주 쓰이는데 직역하면 '하루 24시간, 일주일 7일간'이라는 뜻이다. '연중무휴' 또는 '항상, 계속, 언제나'의 의미로 통용된다. 옆문을 열고자 하는 이들에게 '24/7' 상태를 유지하는 것, 이보다 중요한 자세가 없다.

옆문은 예상치 못한 순간이나 장소에서 맞닥뜨리기에 언제, 어디서, 어떻게, 얼마 동안 열려 있을지 누구도 알 수 없다. 한 번 열린 문이 다시는 열리지 않을 수도 있고, 어렵게 열었더니 생각보다 비좁아 딱 한 명밖에 통과하지 못할지도 모른다. 항상 깨어 준비하고 있지 않으면 기회를 잃을 수도 있다. 기회를 놓치지 않으려면 '24/7', 항상, 계속, 언제나 준비해야 한다.

옆문을 기다리는 마음

'배구 여제' 김연경은 키 192cm의 장신 선수다. 양가 할아버지의 신장이 각각 185cm, 180cm로 애초에 키가 큰 유전자를 타고났다. 하지만 중학교 3학년 때까지는 키가 170cm도 채 되지 않아 벤치 신세를 면치 못했다. 배구 선수로서는 상당히 작은 키였다. 절친이자 당시 고교 선발 1순위였던 김수지 선수와 무려 20cm나 차이가 났다. 그러나 그녀는 좌절하지 않고 연습에 매진했다. 제일 먼저 코트에 나가고, 가장 늦게까지 남아 훈련하며 기술과 체력을 길렀다. 고등학교 진학 후 키가 훌쩍 컸고, 그녀는 곧바로 주전 선수로 발탁돼 코트를 누비며 세계적인 선수로 성장했다. 배구 선수에게 큰 키가 중요한 경쟁력 중 하나임은 틀림없다. 하지만 키가 크다고 해서 무조건 좋은 선수가 되는 것은 아니다. 김연경 선수가 세계 여자 배구 선수를 통틀어 가장 많은 연봉을 받는 자리에 오를 수 있었던 비결은, 키가 작아 불리한 상황에도 흔들리지 않고 꾸준히 실력을 쌓았기 때문이다. 그 덕분에 기회가 왔을 때 놓치지 않고 꼭 붙잡을 수 있었다.

'해버지해외 축구의 아버지'로 불리는 박지성 선수는 한국 축구 역사에 길이 남을 전설적인 인물이다. 2002년 월드컵 4강 신화를 이끌었고 2006년 월드컵 본선 원정 첫 승을 거뒀다. 2010년 한국 축구 사상 처음으로 월드컵 원정 16강에 진출했을 때도 대표팀의 중심축 역할을 했다. 하지만 그도 처음 국가 대표에 발탁되었을 때는 주전이 아니었다. 평발에 키도 체격도 작은 편이라 신체조건이 좋지 못했다. 그래서 그는 다른 선수들에 비해 월등히 많은 훈련량을 소화했다. '세 개의 심장'이라는 별명까지 얻을 정도로 뛰고, 또 뛰었다. 그렇게 실력을 쌓아가던 그가 드디어 거스 히딩크Guus Hiddink 감독이라는 일생일대의 기회를 만났다. 이후 그는 한국 최초 프리미어리거, 아시아 최초 프리미어리그 주장, 아시아 선수 최초이자 유일한 유럽 축구연맹UEFA 챔피언스 리그 우승이라는 위업을 달성할 수 있었다.

기회는 언제, 어디서, 어떻게 찾아올지 모른다. 김연경 선수가 자신이 언제, 얼마만큼 키가 클지 알 수 없었듯이 박지성 선수도 언제, 어떤 감독에게 발탁돼 어느 구단에서 뛰게 될지 몰랐다. 그저 오랜 시간 철저하고 빈틈없이 준비하고 있었을 뿐이다. 그 덕분에 다시 못 올 천금 같은 기회를 꽉 거머쥘 수 있었다.

그런데 오해하지 말아야 할 것이 있다. 기회를 잡기 위해 '24/7', 즉 항시 준비하고 있어야 하는 건 맞지만, 그렇다고 완벽하게 준비가 될 때까지 기다리라는 뜻은 아니다. 어떤 일이든 100% 준비되길 기다렸다가는 오히려 어렵게 찾아온 기회를 놓칠 수 있다. 역설적으로 들릴지 모르지만 준비가 다소 미흡하더라도 오는 기회는 일단, 무조건 잡고 봐야 한다. 그런 다음 자신을 기회에 맞추든 기회를 자신에게 맞추면 된다. 김연경 선수가 고등학교 때 키가 갑자기 컸을 때 팀의 주요 자원이 될 수 있었던 건, 모든 면에서 완벽한 수준의 기량을 갖춰서가 아니다. 히딩크 감독이 박지성 선수를 발탁한 것도 당시 박지성 선수의 실력이 흠잡을 데 없어서가 아니다. 불리한 신체적 조건을 극복하려고 부단히 노력하는 박지성 선수의 모습을 높게 산 것이다. 실력이나 기량, 몸 상태가 완벽했을 때만 기회를 잡을 수 있는 게 아니라는 점을 꼭 기억하자.

기회란 파도는 머뭇거리지 않는다

2018년 봄, 신림동 H 학원 원장님이 면접 특강을 부탁한 적이 있다. 예상치 못한 제안이라 잠시 망설였지만, 일단 하겠다고 했다. 당시 나는 강의하기에 좋은 상황이 아니었다. 집에는 파나마에서 막 도착해 미처 풀지 못한 200여 개의 이사 박스가 천장까지 쌓여 있었다. 한국 생활이 처음인, 우리말까지 서툰 두 아이의 적응도 도와야 했다. 게다가 일산 집에서 신림동 학원까지 왕복 이동 시간만 3~4시간이었다. 하지만 원장님은 공무원 시험을 준비하는 수험생 사이에서 매우 유명한 분이었다. 원장님 학원에서 한 강의 경험은 내게 어떤 형태로든 도움이 될 터였다. 눈앞까지 찾아온 기회를 놓치고 싶지 않았기에, 어떻게든 나를 그 상황에 끼워 맞춰 보기로 마음먹었다.

이사 박스를 책상 삼아 이틀을 꼬박 새우며 강의를 준비했다. 걱정이 무색하게 수험생 반응은 매우 좋았다. 덕분에 국가직, 서울시, 지방직 7급 공무원 면접 강의까지 모조리 맡게 됐다. 노량진의 대형 경찰 학원에서도 특강을 의뢰해왔고, 타 공무원 학원으로부터 전임 강사 스카우트 제의를 받기도 했다. 합격생들의 추천이 이어져 은행, 항공사, 외국계 기업 입사를 희망하는 취업 준비생들의 문의도 밀려들었다.

해외에서 10년 가까이 살다 한국에 돌아오자마자 꽤 많은 수익을 올리니 주변에서는 운이 좋다고들 했다. 수험생 사이에서 빠르게 퍼진 입소문에 나 역시 놀랐다. 하지만 그게 과연 운이었을까. 만약 내 자질이나 역량이 부족했다면 금세 밑천이 드러났을 테고 강의 의뢰도 지속되지 않았을 것이다. 나는 대학

시절부터 가족, 친지, 친구, 지인들의 부탁을 받아 수백 건의 자기소개서와 입학 원서 작성을 도왔다. 이러한 경험과 시간이 켜켜이 쌓여 '면접 컨설턴트'라는 예기치 못한 기회가 찾아왔을 때 지체 없이 포착하고 무리 없이 소화할 수 있었다. 단순히 운이 좋아서라기보다, 오랜 시간에 걸쳐 축적된 내공이 있었기에 이뤄낸 필연에 가깝다.

H 학원 원장님의 특강 제안을 받았을 때, 여러 가지 이유를 대며 망설이다 결국 거절했더라면 어땠을까? 천지개벽할 일이야 없었겠지만, 최소한 용기 내어 강의를 맡음으로써 얻은 값진 경험은 놓쳤을 것이다. 연세대학교 국제학부를 비롯한 여러 학교 및 단체로부터 커리어 특강 제의를 받지도 못했을 테고, 매년 스승의 날 여러 정부 부처와 지방자치단체에서 일하는 공무원 제자들로부터 릴레이 감사 인사를 받는 뿌듯한 경험도 하지 못했을 것이다.

기회란 파도와 같다. 끊임없이 밀려오고 또 물러간다. 김연경 선수도, 박지성 선수도 자신의 파도가 언제, 어디서, 어떻게 밀려올지 예측할 수 없었다. 그러나 그들은 그때를 대비해 묵묵하고 진득하게 파도에 올라탈 채비를 했다. 김연경 선수의 강력한 스파이크와 박지성 선수의 정교한 볼 컨트롤은 모두 쉼

없는 노력의 결과다. 그 덕분에 파도가 밀려왔을 때, 그토록 기다리던 기회가 찾아왔을 때, 주저 없이 과감하게 보드에 올라타 성공적인 서핑을 할 수 있었다.

파도는 머물거나 기다리지 않는다. 망설이는 순간 이내 물러가 버린다. 완벽한 서핑 자세를 갖출 때까지 기다려선 안 된다. 찰나의 기회를 놓치지 않고 재빨리 잡아채려면 '24/7', 언제나 먼저 대비하고 미리 준비해야 한다.

운이란 준비가 기회를 만나는 것이고, 성공의 비결은 준비된 상태로 기회를 맞는 데 있다는 사실을 잊어선 안 된다.

옆문은 때로 사람 그 자체다

누구나 원하는 문을 자유롭게 드나들 수 있으면 좋으련만, 현
실은 그렇게 설계되어 있지 않다. 자신도 모르는 사이 낯선 문
앞에 서 있거나 원치 않았던 문에 들어선 경우가 더 많다. 어떤
이는 크고 넓은 정문 앞에, 또 어떤 이는 작고 좁은 옆문 곁에,
혹은 숨겨진 뒷문 쪽에 서 있을 수도 있다.

나 역시 예외는 아니었다. 예상치 못한 계기로 삶의 수많은
문 중 하나에 들어섰고, 어떻게든 살아남기 위해 애쓰는 과정
에서 곳곳에 숨겨진 기회를 발견하고 활용하는 법을 익혔다.
돌이켜 보면 그 여정의 출발점은 뜻밖에도 어린 시절의 전화
한 통에서 비롯되었다고 해도 과언이 아니다.

아버지의 해외 근무로 온 가족이 캐나다에 머물던 어느 날,

한국에서 전화가 걸려왔다. 가까운 지인의 아들 출산 소식이었다. 수화기를 내려놓으며 눈물을 훔치시던 어머니의 표정에서 기쁨과 쓸쓸함이 뒤섞인 감정이 묻어났다. 어머니의 복잡 미묘했던 그 모습은 30년이 지난 지금도 선명하게 떠오른다.

어머니는 부족하지 않은 집안의 막내딸로 자랐지만, 결혼과 함께 가난한 시골 대가족의 맏며느리가 됐다. 집안일과 시댁 식구들을 챙기는 일상도 녹록지 않았지만, 가장 큰 압박은 아들을 낳아야 한다는 것이었다. 아들을 낳지 못한 어머니는 맏며느리로서 부적격에 가까웠고, 과학적 사실과는 무관하게 모든 책임과 비난의 화살은 오롯이 어머니에게 돌아갔다. 억울하고 화가 났을 법도 한데 놀랍게도 누구보다 아들 출산이 간절했던 사람은 어머니 자신이었다. 온갖 미신이나 민간요법 등을 다 해보았다고 한다. 그럼에도 불구하고 하늘은 끝내 어머니에게 아들을 허락하지 않았다.

아들 출산이라는 '정문'이 열리지 않았을 때, 부모님이 선택한 '옆문'은 나였다. 따가운 눈총과 설움에서 살아남기 위해 꽤 똘똘했던 나를 어느 집 아들보다 뛰어난 딸로 키워내기로 결심했고, 그 희망으로 모진 세월을 견디셨던 것 같다. 덕분에 나는 어릴 때부터 악기나 운동 등 하고 싶은 건 대체로 다 할 수 있었고, 갖고 싶거나 원하는 것도 어렵지 않게 충족됐다. 매우 감

옆문 전략

사한 일이 아닐 수 없다. 하지만 나 역시 부모님의 전폭적인 지지와 기대에 부응하기 위해 늘 최선을 다해야 했다. 끊임없이 나를 증명해내는 과정에서 분명 단련되기도 했다. 하지만 상당한 내적 갈등과 심리적 부담을 견뎌야 했던 것도 사실이다. 항상 커다란 기대와 압박 속에서 조마조마하며 무거운 책임감을 느꼈다.

되돌아보면 당시 부모님에게는 그것이 유일하고도 최선의 선택이었음을 이해한다. 또 덕분에 내가 여러 방면에서 역량을 키울 수 있었다는 것도 인정한다. 막중했던 기대는 성장의 촉진제가 되어 힘든 상황에서도 포기하지 않는 습관을 만들어주었고, 어떤 어려움도 극복할 수 있다는 믿음과 자신감을 심어주었다.

양날의 검과 같았던 그 시절의 경험은 지금의 나를 만든 소중한 자산이 됐다. 그리고 그 과정에서 '옆문 전략'이라는 나만의 독특한 행동 패턴이 만들어졌다. '정면 돌파가 어려울 때 우회로를 찾아 문제를 해결하고, 이를 통해 예상치 못한 기회를 발견하며 새로운 길을 개척하는 방법', 이는 세월과 함께 단순히 생존 기술을 넘어 나만의 고유한 삶의 철학으로 자리 잡았다.

부모님의 옆문이었던 나, 어쩌면 이렇게 옆문을 찾아내는 삶은 내 운명이었을지 모른다. 하지만 이는 나에게만 해당되는 이야기가 아니다. 우리는 모두 각자의 옆문을 찾아야 하는 운명을 지니고 있다. 또 내가 숱한 옆문을 찾으며 깨달은 것이 있다면, 옆문이란 그저 물리적인 문이 아니라 '사람' 그 자체라는 사실이다.

늦은 밤 마지막 버스를 놓친 이에게 퇴근길 차를 돌려 태워주는 택시기사님은 안도의 옆문이 된다. 야근을 마친 이에게 정리 중이던 식당 문을 열고 밥을 차려주는 사장님은 따스한 위로의 옆문이 된다. 아픈 아이를 안고 절박하게 병원 문을 두드리는 부모에게 가운을 여미며 달려오는 의사는 구원의 옆문이 된다.

비즈니스 세계에서도 마찬가지다. 취업이라는 견고한 문 앞에서 방황하는 청년에게 기업과 투자자는 인턴십과 멘토링으로 새로운 기회의 옆문을 열어줄 수 있다. 프로젝트를 진행하다 난관에 부딪힌 직원에게 동료들은 아이디어를 나누며 함께 혁신의 옆문을 열어줄 수 있다. 은퇴를 앞두고 있지만 계속 현역으로 일하고 싶은 시니어, 적성에 맞지 않는 일로 고민하는 직장인, 투자 유치에 어려움을 겪는 스타트업까지, 모두 옆문이 되어줄 사람이 필요하며 옆문을 통해 새로운 기회를 찾을 수 있다.

우리는 모두 인생의 수많은 지점에서 닫힌 문을 마주하게 된다. 하지만 그것은 결코 끝이 아니다. 새로운 시작과 가능성을 알리는 신호일 뿐이다. 그러니 당당하고 자신 있는 걸음으로 자신만의 옆문을 찾아 나서길 바란다. 그 여정에서 우리는 누군가의 옆문이 되어주기도 하고, 뜻밖의 누군가가 내게 옆문이 되어주기도 한다.

혹시 지금 이 글을 읽고 있는 여러분도 막다른 길이나 큰 벽 앞에서 망설이고 있다면, 혼자 고민하거나 좌절하지 말고 주변의 따뜻한 시선과 도움의 손길을 찾아보길 바란다. 동시에 도움받는 용기도 내보길 권한다. 세상에는 우리가 아직 발견하지 못한 수많은 문들이 존재하며, 그 문을 열어줄 준비가 된 누군가가 늘 기다리고 있다는 사실을 기억하면서 말이다.

서로가 서로의 문이 될 때, 닫힌 문은 더 이상 문제가 되지 않는다.

DEEP INSIGHT SERIES 2
열문 전략

초판 1쇄 발행	2025년 1월 27일
지은이	라유진
펴낸곳	(주)행성비
펴낸이	임태주
책임편집	이윤희
디자인	페이퍼컷 장상호
마케팅	배새나
출판등록번호	제2010-000208호
주소	경기도 김포시 김포한강10로 133번길 107, 710호
대표전화	031-8071-5913
팩스	0505-115-5917
이메일	hangseongb@naver.com
홈페이지	www.planetb.co.kr

ISBN 979-11-6471-278-6 03320

행성B는 독자 여러분의 참신한 기획 아이디어와 독창적인 원고를 기다리고 있습니다.
hangseongb@naver.com으로 보내 주시면 소중하게 검토하겠습니다.